未来を生き抜く力を育むキャリア教育

志を社会人と語る協働型プログラムの実践

キャリア講座推進プロジェクト／編著

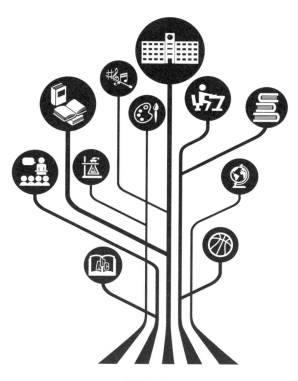

学事出版

はじめに

なぜ、いま高校生への「志」を育てる教育が必要か

ある企業の人事部長の談話を紹介します。

「学生の採用面接で、感動したことがありました。理工系の機械が専門の学生でしたが、履歴書にはなぜか専門外の簿記2級の資格が記入されていました。理由を尋ねたところ、建設のプロジェクトマネージャー（プロマネ）を志望し、先輩にどういう苦労があるか聞いたところ、工程・技術・損益・労務管理などの中でも、『お金の管理が一番苦手で大変で、若い頃から勉強しておけばよかった』という言葉が返ってきたそうです。そこで、先輩以上のプロマネを目指したいと思った彼は、簿記の資格を取得したのだそうです。私は即、彼の採用を決心しましたが、もちろん簿記の知識を買ったのではなく、『そういう人間になりたい』という目標をもち、そのためにどんなことを学べばいいのかを考えて実践した、彼の考え方を高く評価したのです」

この談話は一例ですが、強い想い、つまり「志」をもって何事にも取り組む価値観をもつ学生を採用したいという企業人の本心が現れているのだと思います。企業では、仕事に必要な知識や技術は入社後にいくらでも学ぶことはできますが、「志」という価値観を育むことは難しいのです。特に今後は、これまで経験したことがない困難な社会課題に取り

組み、変革を起こすことのできるリーダーが日本には必要です。このとき、知識や技術の習得は当然ですが、困難な社会課題に「志」をもって対峙できる人材がますます求められるのです。

　我々がこうした問題意識を持つようになったのは、2010年に日本企業の経営革新のために人材開発部門は何をすべきかについて徹底的に議論したことがきっかけでした。困難な社会課題に対しても「志」をもって挑戦し続ける次世代のリーダーを企業の中でどう育成していけばよいのかについて、メンバーで議論を重ねるうちに、「志」をもつきっかけは入社前のもっと若い感受性の高いうちに育まれるのではないか——との結論に至りました。

　そして、2012年、「志」をもつための「志」教育の考え方に共感していただいた中央大学高等学校（東京都文京区）とともに「高校生キャリア講座〜私の生き方を考える〜」をスタートしました。これまで多くの関係者のご支援をいただき、2018年までに200名を超える受講生を数え、また「志」をもって社会人となった卒業生も出始めています。

　そこでこの機会に初志を貫徹し、本活動をより多くの教育現場に広めていきたいと考え、本書を出版することにしました。教育関係者の方々、人材開発に関心のある社会人や学生の方々には、ぜひ本活動にご理解をいただき、ともに活動の輪を広げることができれば幸いです。

キャリア講座推進プロジェクト　一同

目次

はじめに 2

第1章 次世代社会のリーダー育成は高校時代から
～新しい協働（共創）型キャリア教育の意義とねらい～

高校生への共創型キャリア教育とは 8
共創型キャリア教育から見込まれる成果 11
共創型キャリア教育からの波及効果 14

第2章 協働（共創）型キャリア教育が志を育む
～次世代リーダー育成の考え方～

将来の社会とリーダー育成 18
共創型キャリア教育で日本型リーダーシップを育てる 20
リーダー育成は、高校生のキャリア教育から 22
志を抱くことが全ての起点 23
既存のキャリア教育の枠組みを超えて 25
生徒と社会人の交流が「志」を育む 26
アクティブラーニングで「志」に気づく 29
【寄稿】「教育改革と高校生キャリア講座」
　　　　元世界銀行副総裁　日下部元雄 30

第3章 社会人ファシリテーターが導く真剣議論
～「高校生キャリア講座」のプログラム～

ワークショップWAYを教育現場へ 36
志を育む共創型プログラム 44
社会人との対話が深まる志セッション 46
進化し続ける共創型プログラム 49

第4章 社会人と高校教員の志がともに歩んだ先行事例
～中央大学高等学校の事例～

中央大学高等学校での実施内容 52
「高校生キャリア講座の出版によせて」
中央大学高等学校　学校長　今井桂子 54
生徒たちの「志」 58
生徒たちのグループ発表作品 65
社会人になった受講生たちの声 74
志がつないだ開講の経緯 90
【回顧録】「高校生キャリア講座への期待」
　　　　前中央大学高等学校教頭　伊藤一幸 92
高校生キャリア講座に参加した高校生たち 95

第5章 あなたの学校、あなたの地域で始めるには
～「高校生キャリア講座」の運営方法～

社会人の志が駆動するソーシャルアクション 98
ファシリテーターの活躍が支える講座運営 102
ファシリテーターたちの声 103

第6章 働き方と学び方の社会イノベーションへ
～協働（共創）型キャリア教育の未来～

パラレルキャリアという新しい働き方 110
自走する高校生キャリア講座のエコシステム 114
新時代の社会教育モデルへ 116

おわりに 118

第 1 章

次世代社会のリーダー育成は高校時代から
〜新しい協働（共創）型キャリア教育の意義とねらい〜

高校生への共創型キャリア教育とは

　皆さんは、高校でのキャリア教育と聞いて、どのようなことを思い浮かべますか。「高校の卒業生の社会人を招いて講演を聞く」「地域の産業の職業体験をする」「企業からの出張授業」「進路指導の先生からカウンセリングを受ける」など様々な形態のものが考えられると思います。いずれもキャリア教育ですし、また実際に高校で行われている教育活動です。しかし、本書ではこうした「学校が学校教育の一環で考えるキャリア教育」という視点だけでなく、「社会人による将来の社会づくりのためのキャリア教育」という視点にフォーカスした、これからの時代に求められる全く新しいキャリア教育活動を取り上げていきます。

　この新しいキャリア教育は、一言でいうと、高校生と社会人と教員、三者の連携・交流を通して、次世代を担う高校生が生き方を考えていく「共創型キャリア教育」です。課題先進国の多様な社会問題、国際的な産業競争関係の変化、働き方や生き方の多様化など日本社会を取り巻く課題や変化は増大しています。これらを目の当たりにしている社会人が、高校生のキャリア教育に未来の可能性を感じ、そして企画・実践してきた独自のキャリア教育です。

　現在の実践の場は、中央大学高等学校（東京都文京区）です。社会人と教員の方々とが二人三脚で「高校生キャリア講座　～私の生き方を考える～」という特別講座として、2012年以降継続的に取り組んでいます。

第1章　次世代社会のリーダー育成は高校時代から

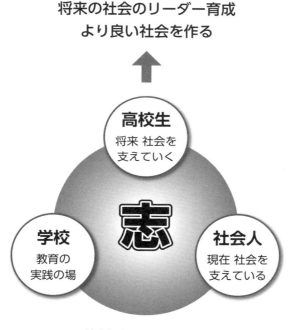

共創型キャリア教育

　「高校生キャリア講座　〜私の生き方を考える〜」は、進学や就職など目前の進路選択を助けるためだけの講座では決してなく、もっと先の、「生き方」を考え始めることに主眼を置いた講座です。将来社会に出てどんな意識で働いていくか、社会にどのように貢献していくべきか、これからの社会をよりよくしていくためにどうしたらよいのかなど、いわば人としての「志」を育むプログラムです。

講座は約半年間のプログラムで構成されており、まず現在の社会のなかでの問題発掘と課題の設定からスタートします。今、社会にどんな問題を感じているのかを出し合い、テーマを設定します。自分たちで調べて話し合い、解決策を導き出したい課題は何か、グループで徹底的に話し合います。調査・取材などテーマに応じた必要な工程を加え、綿密なディスカッションを経て、解決策を導き出し、最後に発表します。

　その間、プログラムはすべてグループワークで進められ、生徒たちは自分とは違うさまざまな意見に出合います。社会の問題に対して、別の生徒は自分とは全然違う角度で捉えているということに気づき、大きな刺激を受け、自分の見方もより広がっていきます。PBL (Project-Based Learning／課題解決型学習)、アクティブラーニングにキャリア意識を育む効果が含まれると考え、これらの要素を取り入れています。

　さらに当プログラムでは、さまざまな業種・業態の企業や組織で働く若手社会人がファシリテーターとして、生徒たちのグループワークを支援する点も大きな特徴です。人生の少しだけ先輩の視座が、生徒たちに新鮮な気づきを与えてくれます。

　そのように、グループワークで多角的な考え方に気づく一方で、生徒一人ひとりは自分の考えをまとめるため、深く内省します。生き方や志は本来個人のものですが、他の刺激を受けながら内省していく過程で、生徒たちは自然と生き方や志を考え始めるのです。その志を文章にして心に刻むことまでを講座で行い、社会人と教員は、卒業生がいずれ社会

で活躍することを期待し、講座の修了を見届けます。

　社会問題、生き方、志を考え話し合う機会は、日常生活のなかで決して多くはありません。最初は恥ずかしがっていた生徒も、次第に心の垣根を取り払い、生徒同士で真剣に話し合います。実は、それをファシリテートする若手社会人も、教員も、真剣に考え、自らを振り返る場となっています。

　高校生と社会人と教員、三者がともに創りあげ、成長していくプログラム、それが「高校生キャリア講座　〜私の生き方を考える〜」です。

共創型キャリア教育から見込まれる成果

　この共創型キャリア教育の最終的な成果は、その生徒が社会人となり、社会の現場で新しい課題に対しリーダーシップを発揮している姿だと考えています。年齢にすれば例えば30歳ぐらいでしょうか。17歳前後の高校生への教育ですから、10年越しの気の長い話ですが、教育や人材開発とは常にそのような側面があるものです。

　また社会のリーダーとして活躍するには、高校時代のキャリア教育だけでなく、むしろ大学での学業、社会に出た以降の様々な業務経験や研

修などで培われる知識やスキルが支える部分が大きいと思います。したがって高校生へのキャリア教育では、その後の大学や社会での学業や業務経験をより有意義に実践・習得することで人材開発効果をスケールアップさせることをねらいます。つまり大学や学部を選択する以前に、生き方に対する強い志を抱き、その志の下に主体的に学業や業務経験を積むことで、10年後の姿は全く違ったものになるのではないかと考えています。

　高校生への共創型キャリア教育は、エンジンをかけるセルモーターのような役割を果たします。一度エンジンがかかれば後はどんどん自分からギアアップしていきます。反対にエンジンのかからないまま、大学進学、就職もできてしまう現代社会ですので、高校生には、志というエンジンをかけるセルモーターが必要なのではないかと思います。

　さらにその先のことをいえば、やがて社会に頼もしいリーダーが増えていくことで、豊かな次世代の社会が創造されることを期待しています。

　さて、そのような最終的な成果や期待の一方で、講座修了直後、大学進学、就職活動、入社後といったタイミングでのキャリア意識の成長が、いわばKPI（中間成果指標）といえます。必ずしも高校時代に立てた志を貫き通さなければならないということではなく、志の中身も、自分の経験とともに成長していくものですから、むしろその時々の自分が社会に対して抱く志をベースにして目前の課題に取り組んでいく生き方の価値観が大事なのだと思います。

「高校生キャリア講座」の修了直後には、受講生徒に対して講座に関する意識アンケートを行っています。講座への満足度、将来を考えるうえで役に立った度合いなどは、90％以上の高い水準となっており、ひとまず講座修了直後の段階としては成果が出ています。また生徒が修了段階で志を文章化する「志作文」からも、成長の跡を読み取ることができます。志作文は、第4章で詳しく紹介します。

2017年度・高校生キャリア講座の修了生へのアンケート評価（N＝41）

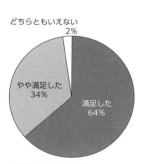

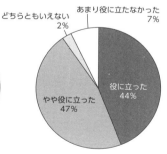

さらに近年は修了生が社会人となり始めており、それぞれの社会や業界で若手社会人として奮闘している声も集まってきています。なかには高校生キャリア講座に戻ってきて、社会人ファシリテーターとして参画する修了生もいます。これは高校生当時に講座を受講して自分のためになったという実感があっての参画で、この講座の成果のひとつの表れだと思います。またその成果を超えて、運営する社会人や教員にとっては、成長した修了生と再会し今度はともにキャリア教育に取り組めるという大きな喜びでもあります。講座を修了した若手社会人、さらに社会人ファシリテーターとしても活躍する若手社会人の声を第4章で紹介します。

共創型キャリア教育からの波及効果

　高校生キャリア講座に取り組んでいる生徒の様子を見ていると、次世代のリーダーとしての活躍という将来的な成果以外にも、リアルタイムで成長を実感することもあります。志に気づくことが、下記に挙げる様々なポジティブな波及効果につながる場合があると思います。

〇自分が目指す生き方に向かった進路選択ができる

　生き方や志が見えていないと偏差値だけで大学を選ぶという入学が目的の大学進学になってしまいます。共創型キャリア教育を通じて、こんな生き方をしたいから、この大学のこの学部へ行こうという進路選択ができるようになります。就職活動も同様で、会社ありきではなく、自分

の生き方と照らし合わせて選択するようになります。

○社会へのアンテナが広がり、社会問題を「自分事化」できる

　共創型グループワークを行うことで、社会への関心が高まり、問題意識をもてるようになります。さらに、その問題に対して、自分たちで解決しなければいけないのではないか、解決できるはずだと考えられるようになり、世の中で起きていることを自分事化できるようになります。

○課題発見力がつく

　社会では問題解決力が重要視されがちですが、これからの時代、本当に大切なのは問題を見つけ出す力。はじめから問題があって解決していくのはわかりやすく、そこには正解があります。一方、問題を探すために議論していくのは非常に難しいことです。少子化、環境問題など、ここではどんなテーマを掲げてもよく、課題設定に正解はありません。社会の問題点を見つけるところから始めることにより、着実に課題発見力が身につきます。

○ディスカッション力がつく

　プログラムは社会の問題を探すところからスタートしますが、最初は生徒たちもあまり語りたがりません。しかし、なかには発言の得意な生徒がいて、それに触発されて、次第に他の生徒も意見をいえるようにな

ります。同年代の仲間から、自分とは全く異なる意見が出てくることによる気づきがあり、また、それを受け止め、また自分の意見と掛け合わせることで新しい考えが生まれてくるというプロセス自体に新鮮な驚きがあり、本人たちにとっても成長実感があるようです。こうして、生徒たちは真剣に議論することの面白さに目覚め、ディスカッション力を身につけていきます。

〇今現在からの行動が変わってくる。授業に対する意識も変化

自分がこんなふうになりたい、という目標ができると、今受けるべき授業が明確になり、科目選択がしやすくなり、授業の受け方も変わってきます。自分の生き方に必要な勉強だと意識することで、積極的に先生に質問しに行くようになったりもします。

このように、将来のリーダー育成が目的で取り組んでいる共創型キャリア教育ですが、志を大事にして、共創型で取り組むことにより、生徒にも実感できる形でポジティブな波及効果につながっていくことが、実践を重ねていくことによって見えてきました。

第 2 章

協働（共創）型キャリア教育が志を育む
～次世代リーダー育成の考え方～

将来の社会とリーダー育成

　世界、そして日本を取り巻く社会的課題は、ますます複雑化・多様化しています。SDGs（※1）に代表されるグローバル課題は、国の枠組みを超えて取り組む必要のある大変難しい課題です。

　とくに日本は課題先進国と言われるように、超少子高齢化問題等の日本特有の課題も山積しています。特に近年、「失われた30年」とさえ指摘される経済的問題は、企業人であれば切実な問題です。「Japan as No.1」「ものづくりニッポン」「made in Japan」などのコトバで日本の製造業や金融の産業が輝いていた時代は過ぎ去り、現在はGAFA（※2）に代表される米国のITプラットフォーマ産業（※3）にグローバルビジネスのリーダーシップを奪われてしまっています。加えて2018年6月に働き方改革関連法案が成立したことや労働人口の急激な減少問題により、労働生産性のさらなる向上のための「働き方」の見直しが、過去にない勢いと圧力で強烈に求められています。

　そんな中、経団連が提唱する日本の未来ビジョン「Society5.0 for SDGs」（※4）は、次の時代の社会や産業の活路を示しています。AIやIoT等のテクノロジーを社会全体の最適化に活用し、経済発展と社会課題の解決を図ろうというものです。このビジョンの実現には、多様な専門領域の知恵を融合し合い、困難があっても志をともにした多様な仲間と邁進し続けるリーダー人材が求められます。

またこのようなリーダー人材は、次世代型の組織運営にも求められる人材です。これまでのピラミッド型組織での働き方・処世術の再生産教育ではなく、強い中央権限がなくとも、理念のみ共有した構成員が自立的にそれぞれのタレント・専門能力を発揮させ、結果として組織目標を達成していくような新しいTEAL組織（※5）に求められる人材です。これからの世代の人たちには、自分の力で「社会の課題に自分が何をしたいのか、すべきなのか」を考え、行動する自考能力をさらに意識して開発・強化していくことが求められるでしょう。

　自律的に生きる意志のある人材こそが、次世代リーダーとして日本社会そして世界で活躍する時代がきています。大学を卒業し就職するときになって、「さて何の仕事をしようか。社会に出てから自分のやりたい仕事は何だろう？」と、そこで考え始めるのではもう間に合いません。18歳で選挙権を得て成人としての自覚も促されている今の日本社会で生きていく上では、今後は高校生時代から現実的な社会の課題への関心を高め、そこに「自分」という主体を軸に考えていく訓練、仲間と知恵

※1　SDGs：Sustainable Development Goals（持続可能な開発目標）。持続可能で多様性と包摂性のある社会の実現のための「貧困」「働きがい」等の17の国際目標。2015年9月の国連サミットで採択
※2　GAFA：代表的なIT企業Google、Apple、Facebook、Amazonの頭文字
※3　ITプラットフォーマ産業：販売や広告を展開する基盤となる場所を提供するITサービス
※4　Society5.0 for SDGs：経団連が提唱する、SDGsの達成に向けて、革新技術を最大限活用することにより経済発展と社会課題解決を両立するコンセプト
※5　TEAL組織：人間の組織を5つの段階に色分けし、最も進化した段階がTEAL（青緑）組織。リーダーによるマネジメントがなくとも組織員が目的の実現に向けて進むことのできる自律的な組織

を結集していく能力が、とても重要な意味を持ちます。人間は「考える葦」、とくに若い人たちは、仲間とともに考え未来を創造する「たくましい葦」になってもらいたい。様々な意見をもった仲間とともに解決すべき社会の課題について考え合い、答えを創造していく体験を通じて、新しい時代の「生き方」、たくましく「生きていく力」を学んでいただきたいと思います。

共創型キャリア教育で日本型リーダーシップを育てる

　「志」をもって社会問題の解決に立ち向かっていけるリーダーを育てることが、共創型キャリア教育プログラムの目的です。

　リーダーシップ論は時代とともに変遷し、ひと昔前のアメリカではトップダウン型やカリスマ型のリーダーシップがもてはやされました。しかし、今後主流となるであろう前述のTEAL組織において必要とされるのは、そのようなリーダーシップではありません。これからの時代に必要とされるのは、個々の人たちの意見を吸収しながら組織が目指す方向を指し示していけるファシリテーティブリーダーでしょう。さらに、協調性が高くまじめで勤勉な日本においては、ファシリテーティブリーダーをもう一歩進めた、日本ならではのリーダーシップがより向いているかもしれません。

　最近の生徒たちは常に「空気を読む」傾向があります。キャリア講座においても、最初は皆、空気を読んで自分の意見をあまり言おうとしま

せん。しかし、空気を読みつつ人の意見をじっくり聞き、自分も意見を言っていいんだ、言うべきだと思い始めると、他人の意見を尊重しつつ、とても良い意見を発言するようになります。空気を読まないで声高に自分の主張をするよりも、空気を読みつつ、言う時には自分の意見をしっかりと言う生徒たちの発言は、なかなか見どころがあります。

いい意味で他人の心情を忖度し、他を活かす——それが、日本型リーダーシップといえるでしょう。競争意識をもち、「自分こそがやる、できる」という意識をもちながらも、人を蹴落とすのではなく、他を活かしていく。他を活かすために自分のもっている素質や個性を出していく、それが日本型リーダーのあるべき姿です。もちろん、他を活かしていくときに、自分自身の志を忘れてならないのはいわずもがなです。

自分の意見をあまり主張しない日本において、普通の教育ではそのような人材を育てるのは容易ではありませんが、高校生キャリア講座では、ワークショップやディスカッションを中心とした共創型キャリア教育の手法で日本型リーダーシップを育んでいきます。

リーダー育成は、高校生のキャリア教育から

共創型キャリア教育の対象をなぜ、「高校生」にするのか？

企業では新入社員の人材育成を進めますが、スキルは身についても、問題意識やリーダー感覚など、根幹部分は入社前の若い段階からでないと育てきれません。企業の人事担当者は、採用したいと思う人間には何か感じるものがある、とよくいいます。共創型キャリア教育が目指すところの「志」こそが、その「何か」なのではないでしょうか。

しかし、企業人による共創型キャリア教育を大学で行うと、大学生は目先の就職活動を強く意識しすぎてしまい、生き方や志を深いところで考えることができづらくなります。高校生は、自分の生き方のために何

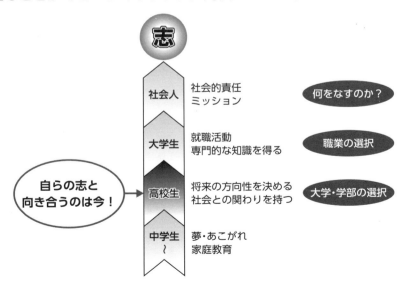

をどこで学ぶのか、進路を決める時期にあります。まさに人生の岐路に立っているのです。そのため高校生は、無自覚かもしれませんが、生き方を考える端緒を欲しています。誰に出会うか、どんな話を聞くのかがとても重要で、ひとつひとつの出会いが心にぐっと刺さる時期です。

　また、高校生は長い人生の中でも格別、感受性の鋭い時期で、まだまだ真っ白な部分があり、原石のようなものです。高校生の心の中には命を授かった以上、自分のもっているものを社会のために発揮したいという大志があるはずです。偏差値重視や大手志向に凝り固まる前の原石を、共創型キャリア教育で少しずつ磨いていきます。

　ディスカッションをうまく展開できるのも、やはり高校生くらいからでしょう。欧米では小学校でもディスカッションを取り入れたアクティブラーニングが盛んですし、今後、日本でも教育の仕方が変われば、ディスカッション自体は小中学生でも可能かもしれません。しかしながら、小中学生はまだ社会に対する視野が狭いのは否めません。社会とのかかわりのなかで「志」を考えられるのは、高校生こそ、といえるでしょう。

志を抱くことが全ての起点

　学部を選ぶとき、職業を選ぶとき、変化目まぐるしい社会のなかで仕事を行っていくうえで、さらには自立した一人の人間として生きていくうえで、核となるのが「志」です。

　終身雇用制度の崩れた現代社会において転職を否定するものではあり

ませんが、職業人として生きていくためには一貫して「自分はこういうことをやっていきたい」という軸が必要です。その軸なしに職を転々と変えていくのは、なんの成長にもつながりません。軸はやはり、「志」といいかえることができるでしょう。志は情熱をもって物事に取り組むエネルギー源であり、成果を上げるために必要な力を蓄えていくうえでの大きなガイドラインのようなものです。

　ビジネスパーソンに必要な3要素として「ナレッジ」「スキル」「マインド」が語られることがあります。ナレッジは成果を出すための知識や業務経験、スキルは仕事の進め方や能力、マインドは物事へ取り組む姿勢や価値観を指します。ナレッジは仕事をしていくなかで身につけていきますし、スキルも企業のなかで訓練して高めていくことができます。大人になってからでは一番育てにくいのが、リーダーが一番備えるべきであるマインドです。仕事を変えようとも、マインドの部分は変わりません。マインドをしっかり持っていれば、知識や専門力、スキルは後から身につけることができ、業界を変えても、そこでうまくやっていくことができ、自らを成長させていくことができるのです。

　ですから、子ども時代にさまざまな経験をして、ぜひともマインドを養っておくべきであり、マインドと通ずる「志」を抱くことを目指すのが共創型キャリア教育です。そして、自らが抱いた志に向けて、そこに近づくために大学や学部を選び、職業を選び、人生を歩んでいく、バックキャスティング（38頁参照）を実践していってほしいと思います。

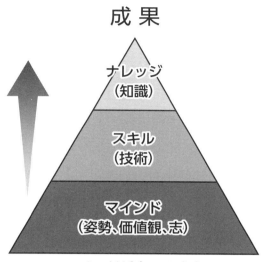

マインドが全ての土台

既存のキャリア教育の枠組みを超えて

　高校で行われる一般的なキャリア講座は、社会で活躍している学校OBやすでに確固たる地位についた社会人講師の講演を聞く、といった受け身のものが多いでしょう。回数も1回、2回程度のものがほとんどです。

　当講座は、ディスカッションなどグループワークを中心に行っていく、生徒が主体のプログラムです。そして、学校OBなどに限らず、企業人や公務員、起業家など、さまざまなバックボーンをもった若手社会人がグループワークのファシリテーター役を担います。

生徒と社会人は、1回3～4時間を計4回、グループで設定した社会課題について語り合います。約半年間という長期間にわたり、社会人と生徒たちは一緒になって社会課題解決に向けて走っていくのです。社会経験のない高校生たちには、若手社会人たちの示唆が非常に役立ちます。一方、社会人たちは高校生に語ることで、自己認識し、これからどう生きていけばいいのか、自己構築をやり直す機会になります。

　この密接なつながりから生まれる相乗効果は、既存のキャリア教育では決してなしえなかったものです。毎回3～4時間のプログラム後にさらに1時間のアフターディスカッションを行ったり、10年後の再会を約束し、社会人になったのをきっかけに、実際6年後に旧交を温め、人生について語り合う機会をもったグループもあります。

　これらが「学校が学校教育の一環で考えるキャリア教育」とは違う、「社会人による将来の社会づくりのためのキャリア教育」だからこそ実現できる特徴なのです。

卒業した受講生がファシリテーターとして参加

生徒と社会人の交流が「志」を育む

　「志」「志す」という言葉には、一般的に「ある一つの方向を見定める」というような意味合いがあります。高校生にとって、その方向、指標の一つが彼らの近くに来てくれる若手ファシリテーターです。もちろん、その人自身を指標にするのではなく、若手社会人が生きてきた道筋や、今まだ社会人として道半ばの気持ちを肌で感じることが指標になります。

　高校生キャリア講座も当初は社会基盤を固めたベテラン社員が中心となって行っていました。ベテラン社員は、教え導くという意味では手慣れていますが、共感性は生じにくくなります。まだ社会人としての入り口に立ったばかりの20〜30代の若手は、彼ら自身も微妙な時期で人生の模索中です。まだ、社会について確信をもって語る段階ではなく、悩み、答えが出せないでいるもどかしい世代です。そんな彼らが語る言葉は、もどかしい最中にいる高校生の共感を呼びます。

　高校生の頃に志を立てた若手社会人は、新しい知識を得て刺激を受けた後、志を更新する時期を迎えています。その悩んで更新する姿も、志は一回立てればよいのではなく、社会で生きていくうえで、そのつど自分で作り直さなければいけないのだと、高校生に気づきを与えるのです。まさに、これからの自分の10年間の道しるべとなってくれます。

　若手社会人自身も、高校生の様子を見たり高校生から志を問われたり

することで、今の自分を見つめ直します。いわば10年前の自分に対して、今の自分を提示して検証しているようなものです。

　そのように高校生キャリア講座は、高校生と若手社会人の相互啓発の場となっています。両者はその交流のなかで、お互いが社会に寄与したいという気持ちをもっていることに気づきます。高校生にとって若手社会人は社会に寄与していくための一つの指標であり、若手社会人にとっても高校生はともに社会に寄与していく同志です。両者が同じテーブルで「将来のよりよい社会」を目指して、繰り返し繰り返し語り合うことで、次第に志が育まれていくのです。

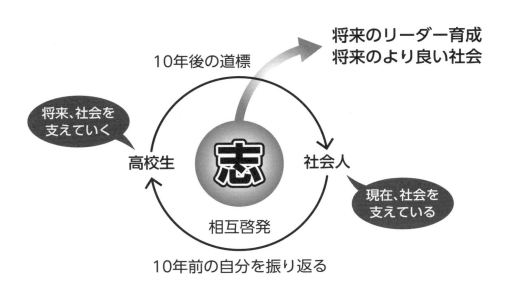

アクティブラーニングで「志」に気づく

　文部科学省の提唱により、現在、教育界では「協働学習」「アクティブラーニング」、特に「PBL（Project-Based Learning／課題解決型学習）」が注目されています。学習者が教師から一方的に知識を受動するのではなく、能動的に自ら学んでいく教育法です。

　当プログラムは、まさにアクティブラーニング（PBL）型スタイルです。同級生と数人で、自分たちで課題を見つけて、自分たちで調査・検討して、自分たちで解決策を導き出していきます。設定した課題に応じて、調査先、取材先を決めて、自分たちでアポイントを取り、取材に出向くことなども特徴的です。特に、ディスカッションを盛んに行います。

　アクティブラーニングやPBLが教育界で注目されている理由は、課題に対する問題解決力を養うことができる点です。一方の我々は、これらの手法に「志」を育む効果がある点に注目しています。社会課題に対して主体的に考え、同級生や社会人から自分とは違う考え方を知り、さまざまな考え方を取り込んで自分の考えとあわせて内省していく過程で、社会課題を自分事化していきます。その結果、生徒たちは次第に将来どのように生きていくべきか、社会をどのように動かしていくべきか、自らの「志」に気づいていきます。

みんなで意見を出し合って熱い議論が交わされる

『教育改革と高校生キャリア講座』

元世界銀行副総裁　日下部 元雄

　教育改革への動きが、さまざまな分野で高まってきています。そのために必要な教育改革の方向についても、かなりの一致があるように感じています。まずは、子どもが真にやりたいことを早く見出し、それを小さい成功体験を通じて自己肯定感を育てることにより多様な能力を持った人材を育てていくという方向です。このため、生徒が自由にテーマを選び、協働活動により「課題研究」を進めていくことが最善の道であるということも多くの人が賛同している方向です。

　しかし、これを現実の教育の場で実現していくためには、数々のハードルを越えなくてはなりません。

　私自身の経験を振り返ると、世界銀行に勤めていた2000年のころ、世界銀行は、ウォルフェンソン総裁の下、従来の融資と政策アドバイスをするだけの機関から、その国の人とともに政策を考えるLearning Instituteに変わるという大転換を行っており、私は資源動員担当の副総裁として政策転換を進めることとなりました。その時、世界銀行が掲げた目標は、知識を教えるのではなく知識を創りだす能力を高めること（Competence　Learning）、一人で考えるのではなくグループで問題

を解決すること（Group Learning）、抽象的な議論ではなく、具体的な成果物を創る学習（Action Learning）ということを目標に掲げました。しかし、それがすぐに実現することはありませんでした。

　世界銀行を退職した後、日本の教育システムの中でそのような3つの目標を持った教育が実行できるかどうかを確かめるため、立命館アジア太平洋大学の客員教授を勤めていた11年間に、主に海外からの留学生を対象に毎年、学生がグループを組み、世界銀行や自国のデータに基づきそれぞれの国のイノベーション・システムを設計し発表するというセミナーを実施してきました。同大学は、海外留学生と日本人学生が半々という珍しい大学でしたが、このセミナーを受講したのは、ほとんどが留学生であり、日本人学生の参加は、ほとんど見られませんでした。日本の大学の中でこのような学習方法を定着できないかと考えていた私にとっては大変残念なことでした。

　その私が大変感銘を受けたのが、本書のテーマである、中央大学高等学校ですでに7年間続いている課題研究プログラムです。日本での課題研究学習を取り巻く環境は、大変厳しい。その第一は、受験戦争、塾通いという生徒の多忙なスケジュール、第二は、教員の過密な職場環境、第三は、親の偏差値重視の教育観です。このような過酷な制約の中で、これまで全く経験のない課題研究プログラムを育てることは至難の技です。全国の高校と同様、中大高校もまさに、このような制約の中にあったわけです。

ではなぜ、同校で課題研究がここまで育ってきたのでしょうか？　これは、本書全体に亘るテーマですが、あえて私なりに整理してみますと、第一は、このイニシアティブが、社会を知り尽くした企業の人材開発担当などのボランティアグループにより始められたことです。企業の人材開発担当は、誰よりも日本の経済が直面している危機を「自分事」として捉えています。1980年代には米国に比肩する日本の最先端技術が1990年代から急速に米国に抜かれ、近年は、中国に抜かれています。その背景として、日本の若者のやる気と創造性の停滞があることを人材開発担当は強く感じていたと思います。また、協調性を重んじる結果、多様性を排除し、技術革新も自社主義を貫き、他社とのアライアンスにより対応するというオープン・イノベーションの考え方が根付かなかったことも、日本企業の急速な衰退を招く一因となっていたと思います。このような状況に危機意識を持ち、本プログラムの創始に携わってきた企業人の多くが、日本で例外的にオープン・イノベーションを熱心にリードしてきた企業の出身者であることも偶然ではありません。

　第二は、このプログラムから育った若者が、社会人になった後も、ファシリテーターとして、本プログラムに戻って来ていることです。さらに、多様な業種の若いビジネスパーソンが、全くのボランティアとして本活動に参加していることも、日本の将来の教育にとって朗報です。青少年期の人格的成長には、家族の支援に加え「斜めの関係」が非常に重要で

あることが実証されています。生徒にとって、社会で活躍している先輩は大変まばゆい存在なのだと思います。

　第三は中大高校という、大学の附属高校という受験のストレスの少ない、ゆったりとした学校の性格も一役買っていると思います。これからの教育改革で一番大事なのは、トップエリートを目指した画一的な価値観から、多様な目標を自分で決め、やり遂げる自律性を認める教育への価値観の転換です。これができるゆとりを持った学校の文化が、良い教育を生み出します。この点で、このプログラムの参加者が自由に議論をしながら自分たちが大切と思うテーマを選び、そのためにどのように社会人と接していくか目を輝かせて討議しているのを見ると大きな感動を覚えます。

　また、本プログラムは、「志」を育てるという大きな目標以外に、細か

い規則はありません。同校の校長・教頭先生を始め教員の方々が、このプログラムが試行錯誤をしながら自然に発展していくことを温かく受け入れるという対応をとられたことが大変良かったのではないかと感じています。

　最後に、このようなプログラムをいかに、多くの学校に普及していくかが、今後の重要課題です。私は、このプログラムの実践を見て、現在の教育改革に対する考え方が、これまでの悲観論から楽観論に変わりました。というのは、以上に述べた３つの要因は、多くの地域・学校にも存在すると思うからです。まず、企業で実際に危機感を肌で感じており、退職後に自分の経験をボランティアとして教育に活かそうという人は多い。また社会人として巣立った人が母校の教育のため、休日の何日かを割こうという若者も多いのではないでしょうか。それに一番重要なことは、課題研究を通して社会との接点を求めようとしている生徒・学生が増えつつあると感じられることです。

　そのような方々は、本書をもとに、どうか、この貴重な経験を土台にそれぞれの地域にあった形を模索していただけたら幸いに存じます。

日下部元雄　略歴
東京大学数学科学士・修士、米国エール大学経済学修士、1970年、大蔵省入省、金融制度改革担当参事官、国税庁国税審議官などを経て世界銀行副総裁、スタンフォード大学研究員、ロンドン大学客員教授、立命館アジア太平洋大学客員教授を経て、2007年にロンドン及び東京でオープン・シティー・ファウンデーション及び研究所を設立。文部科学省、厚生労働省の公募資金による助成を受け、9都市、7000人のエビデンスに基づく若者の発達期リスクの実証研究を行う。

第 3 章

社会人ファシリテーターが導く真剣議論
～「高校生キャリア講座」のプログラム～

ワークショップWAYを教育現場へ

　近年、ビジネスシーンでは、ビジネスワークショップ手法の活用が一般化してきています。ビジネスワークショップとは、企画開発や合意形成を行うために、参加者全員のディスカッションを中心に組まれた共創型のプログラムです。近年は企業の研修でも取り入れられることも多く、ワークショップの企画や参加の経験のある社会人も増えてきています。

　この共創ディスカッション経験が、高校生にとっては将来の社会がどうあるべきか、その中で自分の志はどうありたいかを熟考する大きなきっかけになります。この点に着目し、高校生キャリア講座ではワークショップ手法を高校のキャリア教育の現場に合うように落とし込み、プログラム化しました。また、一方通行の座学授業が大半の現在の高校において、アクティブラーニング導入は今後の課題となっています。共創型のワークショップ手法の導入は自然な流れといえるでしょう。

　高校生キャリア講座では、まだディスカッション経験の少ない高校生グループに社会人が交じり、ディスカッション経験・社会経験の豊かさを活かしながらファシリテーターとしてグループワークをリードするスタイルを基本としています。そこが、社会人が参画する取組ならではの特徴といえます。

　第3章では「高校生キャリア講座」のワークショップWAYを紹介します。

●社会人ファシリテーター

社会人ファシリテーターの存在は高校生キャリア講座の最大の特徴です。ファシリテーションスキルのある社会人が、生徒が円滑に仲間同士で議論できるようにアドバイスし短い時間の中で成果を出していきます。

生徒同士のディスカッションは、例えば、意見が広がるも集約できず、生徒が戸惑うことがあります。そのような場合には、社会人ファシリテーターが多様な意見の共通点と相違点を整理して議論するようアドバイスします。反対に意見が出にくければ、問いの切り口を変更します。論点と外れた話に流れていくようであれば、論点の確認を促します。このように、社会人ファシリテーターは自身のアイデアや答えの発言はしませんが、議論の交通整理をします。

ファシリテーターは議論をよく聞いていないといけませんし、あまり強くリードすると、生徒は主体性を失い発言しなくなってしまうので、指摘の仕方も配慮が必要です。また、生徒一人ひとりのキャラクターを見極めながら指摘していくこと

も大事です。例えば、黙ってじっと周りの話を聞いている生徒は意外と良いアイデアをもっていたりもするので、それをうまく引き出せるよう声を掛けます。

　さらに、高校生キャリア講座での社会人ファシリテーターは、議論の進行だけをするわけではありません。第2章で紹介したとおり、高校生と交流し志を育むことが、真の存在意義といえます。ファシリテーターというより、高校生の人生の先輩として、そして現在の社会を支えているひとりの社会人としての存在です。自身の仕事にどんな志で取り組んでいるのかを生徒に話したり、生徒の将来への期待や不安を聞いてアドバイスをしたり、生徒が書く「志作文」にコメントを寄せたりします。現代の高校生にとって、身近に接することができる社会人は親か先生しかいないことが多いという現状があります。将来について語り合える社会人ファシリテーターは、キャリア意識形成の上で大変貴重な存在であるはずです。

●バックキャスティング

　バックキャスティングとは、「将来のあるべき姿」を起点として、そこから逆算して「現状」を考える思考法です。ビジネスの世界では一般的な考え方となっており、これも高校生キャリア講座に取り入れています。社会課題の解決を考えるグループワークにも、自分の志を考えるキャリア思考にも、いずれにも役に立つフレームワークなのです。

第3章　社会人ファシリテーターが導く真剣議論

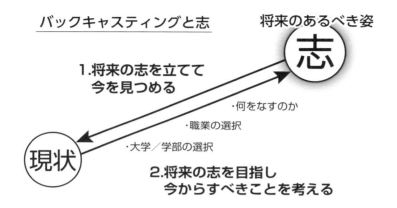

「将来のあるべき姿」は何か、一方「現状」はどうか、ではその間にある「課題」は何か、その課題をクリアする「アクション」は何か、という流れで、社会課題解決のグループワークを進行します。すでに社会で活躍している講座修了生からも、このフレームワークが仕事に役に立つという声も聞かれます。

また同様に、将来のキャリアを考えるうえでも、いきなり目前の大学進学をどうするかという入口ではなく、まず将来の志を立てて、それを目指して今からすべきことや目前の進路はどうあるべきかを考えるという、バックキャスティング思考を身につけてもらいます。

●個人ワーク、グループワーク、全体ワーク

ビジネスワークショップでは、時間を区切って、個人ワーク、グループワーク、全体ワークを繰り返すことで、議論をじっくり深めたり、自

分の視点とは違う意見で議論を広げたり、思いがけない意見により議論をブレークスルーさせたりします。

　高校生キャリア講座でも、1回の講座・2〜3時間の中で、個人・グループ・全体ワークと、時間を区切って行います。まず、「個人ワークを10分間」などと区切り、その日にグループワークで話し合うべきテーマについて一人ひとり考え、付箋に書き出します。そのあと、グループ6人

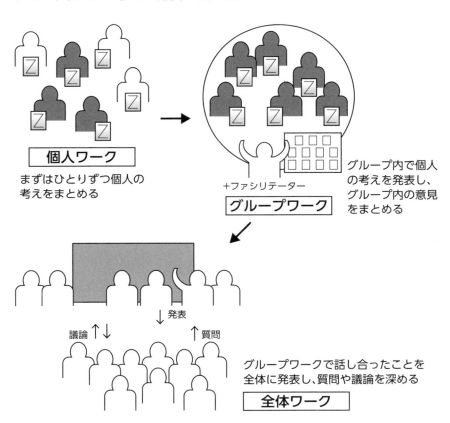

で意見をもち寄って、お互いの意見を共有して意見交換し、グループとしての意見をまとめます。最後に全体でグループごとにまとめた意見を発表しあって、質問を受けたり、プラスアルファの議論をしたりします。

　こうしたプロセスを通じて、生徒は自分と違う意見がたくさんあることに気づかされます。同時に、自分の考えの視野が狭かったり、偏っていたりすることに気づき、志を見直すこともあるでしょう。また別の意見をもつ仲間との真剣な議論がエキサイティングで楽しいことにも気づくでしょう。未来は、ますます多様性とうまくつきあうことが必要な世界になっていきます。若いうちから多様な意見を楽しめる素養を身につけ、もうひとつ上の視座で志を立てられるようになることを期待しています。

●キーパーソンインタビュー

　実践講座４回のうち、１回目で解決すべき社会課題を提起したあと、その課題をクリアするために参考になる視点をもたらしてくれるであろうキーパーソンを定め、２回目の講座までの間に教室を飛び出して、各テーマのリアルな話を聞きに取材に行きます。強い志をもっている社会人としてベンチャー企業の経営者に話を聞いたり、労働問題を調べるために企業の人事担当者に話を聞きに行ったり、大人の手を借りずに高校生が直接アポをとり、質問すべきことを洗い出しておいて、高校生だけで会社などに赴き、インタビューをして、お礼を言って帰ってきます。

そして聞いた生の話を社会課題の特定や解決案に反映させます。

　大事な点は、当事者から直接話を聞くこと自体が新鮮で刺激的な社会勉強であり、ネットや新聞で見聞きする情報収集とは異なり、社会で起きている出来事を「自分事化」する契機になることです。自分の志を考えるうえでも、社会の出来事を自分事化する経験は大切です。

● アイスブレイク

ランチミーティングによるアイスブレイク

　ビジネスの世界でもワークショップは、会議とは違い自由でクリエイティブな発言が求められます。そこでワークショップの前に、気楽に発言できるムードづくりのために、ゲーム感覚のワークをする時間を設けることがあります。このワークを「アイスブレイク」といいます。特に企画プロジェクトは、「正しいかどうかはわからないが、漠然とこういうのはどうかな」という意見が起爆剤になることがあります。そのような意見はいいづらいですが、ワークショップの中では間違っていても感じたことをどんどん発言することが大事なので、アイスブレイクが非常に重要です。「あだ名で呼びあう」「発言があったら、必ず拍手する」などを決めごとにするのも、アイスブレイクの手法のひとつです。

　高校生にとってワークショップはいつもの一方通行の授業とは異なる

第3章　社会人ファシリテーターが導く真剣議論

工作ゲームによるアイスブレイク

体験です。最初のうちはなおさら発言しづらいので、当講座では、アイスブレイクとしてランチミーティングを取り入れています。13時開始にあたり、12時に集合し、生徒たちとファシリテーターが一緒にランチタイムを過ごします。「何部なの？」「週末は何してた？」などと会話したり、特に最初のうちは簡単なゲームなどをして、打ち解けていきます。さらに講座の時間内で夢中に議論しているうちに、参加者の関係性はよりほぐれていきます。

●ワークショップキット

ワークショップキット

高校生キャリア講座では、生徒向けにワークショップキットを制作しています。4回の講座それぞれで議論すべき内容とタイムスケジュールが示され、各回の議論の結論や、自分の志を記入できるワークブック形式になっています。社会人ファシリテーターにとっても、このキットがあることにより、進行しやすくなります。

志を育む共創型プログラム

　共創型キャリア教育を行う目的は将来の社会のリーダーを育てることであり、そのためにリーダー候補である高校生たちに「志」とキャリア意識の萌芽を促すことにあります。では、共創型キャリア教育はどのようなメカニズムにより、高校生の意識に働きかけるのでしょうか。そこで重要になるのが、社会の自分事化に作用する点です。これまで自分には関係がないと思っていた社会のことも、これからは自分たちが主役になって取り組んでいくという感覚をもってもらいたいと思います。

　社会の自分事化に向けて特にポイントとなるのは「①社会の見聞力」「②問題の気づき力」「③実現への自信力」です。

　今、身のまわりの社会で何が起きているのか、まだ社会に出る前の生徒たちの立場でも基礎知識として知っておいてしかるべきです。そのうえで、社会はこのままでいいのかと疑問をもち、問題に気づいていかなければなりません。そして、疑問に思った問題、気づいた問題に対して自分たちが何かやらなければいけない、やれるはずだ、と自信をもつことが重要です。

　こうした力を身につけつつ、さらに「自分はどうしたいか」という自分の価値観に気づいていく必要もあります。自分の信じていること、好きなこと、趣味、さまざまな切り口から自分のやりたいことを考えていきます。ワークショップで外から刺激を受けながら、「個人の価値観」

第3章 社会人ファシリテーターが導く真剣議論

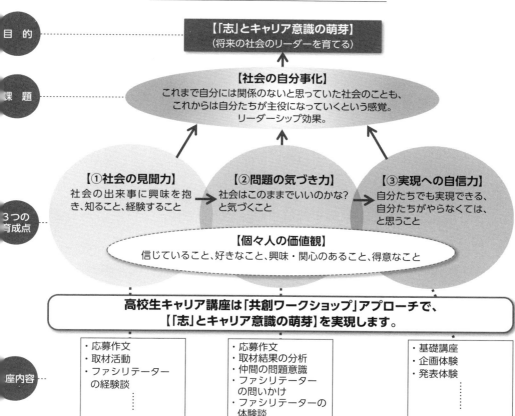

を育んでいきます。

　講座４回のうち最初の回で、「①社会の見聞力」を発揮し、個々人の興味関心テーマを出し合い、グループで取り組むテーマ設定を行います。全員でどのテーマに取り組むか絞り込む際に、メンバー個々の価値観が大いに問われます。この過程で「②問題の気づき力」が育まれます。２回目の講座までに行う取材において、現実の社会を知って刺激を受けて、２回目の講座でディスカッションを重ねることで、「①社会の見聞力」も「②問題の気づき力」もより深まります。さらに３・４回目の講座で問題の解決を考えていくなかで、「③実現への自信力」も次第に高まっていきます。

　このようにキャリア講座のなかで３つの力を積み上げていくことで、自分たちが住んでいる社会について関心をもつ姿勢が身についていきます。社会にさまざまな問題があるなかで、それぞれを自分事としてとらえ、特に自分が気になることを将来取り組んでいきたいと感じてもらう、それが高校生キャリア講座の大きな目的です。自分の一番の関心は何なのかをはっきりと認識し、そこに力を集中できれば、社会に出て必ずや自分らしく貢献していけるはずです。

社会人との対話が深まる志セッション

　高校生キャリア講座では、前項までの共創ワークショップと並行して「志セッション」という時間を設け、社会人ファシリテーターが生徒一

人ひとりの志育成に向き合います。共創ワークショップと志セッションの相互作用によって志が育まれていきます。そして講座修了時までに、生徒一人ひとりが自分の志を決意表明するところまでファシリテーションします。

志セッションは、生徒と社会人ファシリテーターの関係性も濃くなってきた頃の講座３回目以降にて行われます。生徒と社会人ファシリテーターとの自由形式の対話を基本としているので、共創ワークショップのようなプログラム化されたものではありません。ただし、「社会人との対話」「自分との対話」「自分と仲間への決意表明」の順のプロセスを経て、自らの志を練り上げていくという大きな流れがあります。

「社会人との対話」は、社会人ファシリテーター自身が抱く志を担当グループの生徒に語ります。高校生の先入観では、例えば会社勤めの社会人は、毎日、職場では会議や資料作りに追われているなどの表面的な見方をされることがあります。しかし、社会人の志の話、つまりどんな目的意識で働き、どう社会を支えているのかというダイナミックな話を知ることで、働くことへの価値観が転換することさえあると思います。あるいは、社会人ファシリテーターが高校生の頃にどんな考えをもっていて、その後、どんな志に発展し現在に至っているのかという話も、高校生が志というものを身近に感じることのできる話になります。このように、身近な社会人ファシリテーターの志の話はとても参考になるのです。

「自分との対話」は、志を立てるための自問自答です。しかし自分が強い信念で取り組めるような志はそう簡単には立てられるものではありません。共創ワークショップでの社会課題への気づきや、社会人との対話は、志を立てるうえでの貴重な体験ですが、最終的に自分はどうしたいのかは、自分の内面にしか答えはありません。「自分との対話」自体が初めての経験の生徒も多いので、社会人ファシリテーターが自分の内面とどう対話したらよいのかガイドします。ある社会人ファシリテーターは「Will-Can-Must」の自己分析フレームを活用して生徒をガイドしています。別の社会人ファシリテーターは生徒に17年間の自分史チャートに印象的な原体験を記入させて、生徒自身も気づいていなかった本当の自分に気づかせるようガイドしています。ここまですると、志の素になるキーワードや方向性が見えてくるものです。

　「自分と仲間への決意表明」では、「自分との対話」で浮かび上がってきた志の素を材料に、自分の志を文章として定着させます。これが「志作文」です。志作文を書くことが、自分への決意表明となります。また志作文を読んだ社会人ファシリテーターから、その志を実現させるためのアドバイスをもらうこともできます。さらに志をワンフレーズにして、他の受講生徒の前で発表することで、より強い決意に昇華させます。志作文とワンフレーズの実例を第4章で紹介します。

　こうして、高校生キャリア講座では、「社会を見つめる外的アプローチ」と「自分を見つめる内的アプローチ」を組み合わせることで、高校生で

あっても立派な志を立てることができるのです。

進化し続ける共創型プログラム

　高校生キャリア講座のプログラムは、2012年の開講当時に確立されていたものが同じ形式で毎年繰り返し実施されているわけではありません。実は開講以降、毎年の試行錯誤の改善を重ねて、現在のプログラムに至っています。そして現在のプログラムも通過点であり、今後もさらに改善が重ねられていくことでしょう。

　その背景には、生徒が心から「受講してよかった！」と思えるプログラムをもっと追求したいという社会人ファシリテーターの強い想いがあるのです。社会人ファシリテーターは講座期間中、生徒の成長や悩む姿を目の当たりにし、またグループ発表の成功や志の表明の喜びを分かち合う存在です。このようなやりがいにあふれた体験が、講座プログラムをもっと向上させたいという追求の動機となり、次年度のさらに大きなやりがいにつながっていくのです。

　そしてその追求を具現化する取り組みとして、「生徒アンケート」と「振り返りの会」があります。いわゆるPDCA活動です。

　「生徒アンケート」とは、講座修了後の生徒を対象に講座への評価や意見を聴取するアンケートです。講座の満足度の測定や、役に立ったプログラム要素の把握などを行い、ここから次年度のプログラム改善の方向性を見定めます。決してアンケート結果のスコアを高めることが活動

の目的ではありませんが、生徒側からの評価は重視しなければなりません。また満足度なども90％以上の高い水準ですが、人を対象とする教育においては、一人残らず全員での高評価を目指したいと考えています。

　「振り返りの会」は、講座の全工程の最後に社会人ファシリテーターが集合し、講座の体験や成果を振り返る会です。生徒アンケートの結果と、社会人ファシリテーター自身が感じた志育成の成果実感をつき合わせ、次年度への課題を抽出します。自らが次年度も取り組むプログラムの改善なので、社会人ファシリテーターによる課題提起の議論が極めて活発に行われます。それが新しい講座への改善企画へとつながっていくのです。「ランチセッション」や「志セッション」もこうして生まれた企画です。

　これらの取り組みを通じて、プログラムは成長を続けていきます。またそれと同時に、社会人ファシリテーターでの講座プログラムの自分事化が進行していき、関わる全員が自律的に動いていく組織、いわばTEAL型組織へと成長していく効果もあるのです。

第 4 章

社会人と高校教員の志がともに歩んだ先行事例

～中央大学高等学校の事例～

中央大学高等学校での実施内容

　第4章では、「高校生キャリア講座〜私の生き方を考える〜」が実践されている中央大学高等学校の事例を紹介します。

　中央大学高等学校は、東京都文京区に立地し、1928年創立の歴史のある高校です。中央大学の附属の高校であり、多くの卒業生が中央大学に進学しています。この中央大学高等学校で2012年から毎年、主に高校2年生を対象に、特別講座「高校生キャリア講座〜私の生き方を考える〜」が設置されています。中央大学の建学の精神「実地応用の素を養う」の流れをくむ附属校らしい取組みともいえます。

　本講座は、10月から3月までの下期に行われ、大きく「基礎講座」と「実践講座」のステップに分かれます。10月に行われる基礎講座は、2年生全員を対象とした座学セミナー。11月以降の実践講座は、希望者30〜50人程度が受講する共創型キャリア教育のプログラムになります。2018年現在、実践講座の受講生は延べ200人を超えており、初期の受講生は社会で活躍し始めています。

　基礎講座は、キャリアコンサルタントの坂本章紀先生の講演「夢、生き方、仕事」と、社会人ファシリテーターのパネルディスカッション、修了生からの経験

第3期基礎講座のパネルディスカッション

談等で構成されます。坂本先生の講演では、先生ご本人の高校時代、大学時代、社会人時代の経験を交えた、キャリアコンサルタントならではの「生き方」に関するアドバイスが行われます。社会人ファシリテーターのパネルディスカッションでは、高校時代から現在の職業選択に至るまでの志の変遷を語ってもらいます。修了生からの経験談では、高校生キャリア講座のプログラムの内容や受講してみての感想を紹介します。こうして高校生の心に、キャリアとは何か、自分はどう考えるべきだろうか、という問題意識が初めて生まれることと思います。また翌月から行われる実践講座に参加するかどうか考えてもらいます。

　実践講座は、11月以降、社会人ファシリテーターとともに行うグループワークを4回、発表会、振り返りの会で構成されます。グループワークは、高校生・社会人・教員の3者による「共創型キャリア教育」を実践し、その成果を3月に全校生徒の前で発表します。振り返りの会では、講座全体を通して育まれた個々の志を「志作文」として完成させ、最後に修了証を授与します。

2018年度（第7期）に参加した高校生、社会人、教員の集合写真

『高校生キャリア講座の出版によせて』

中央大学高等学校　学校長　今井　桂子

　中央大学高等学校は1928年に創立され、2018年に90周年を迎えた、中央大学の附属の高校の中で最も長い歴史を有する学校です。中央大学の学風である「質実剛健」の精神と「家族的情味」のある環境の中で、生徒一人ひとりが自らの適性を見出し、努力を惜しまず自主的に学習する能力を培うことによって、生きる力にあふれた健全な社会人を育むこと、また思いやりと協調を大切にする豊かな人間性に支えられた高い知性を備え、国際的な視野に立って広く社会に寄与できる人材を育てることを目標として掲げております。

　本講座の実践の場として本校に依頼があった際、その構成・実践が非常によく考えられているものであることから、ぜひにとお願いいたしました。プログラムは、グループで成し遂げようする協働性と社会へ寄与する「志」を育むことを基本理念として、課題の「設定」「探求（調査）」「解決法の提案」、そして最後に「発表」を行うものであり、実践面では、高校生より10歳くらい年上の若手の社会人の方がファシリテーターとして、各グループの活動を支援してくださることになっておりました。この社会人の参加により、三位一体の共創型キャリア教育という独創的な講座となり、他校のそれとは一線を画すものとなっていたことから、お引き受けすることといたしました。

　2018年度は実践7年目を迎えて、本校の生徒に変化が生じているように感じています。本校では、協調性の高い生徒が多いのですが、自主性を持って他の活動に取り組む姿勢が以前より多く感じるようになりました。

　今後、本書を通じて新たな共創型キャリア教育の手法が広く世の中に知られるきっかけとなり、効果を挙げることが望まれますし、本校においてもますます充実していくことを期待しています。

第4章　社会人と高校教員の志がともに歩んだ先行事例

2017年度の実施要項を紹介します。

■実践講座の進め方

実践講座は大きく下記の3つのセッションから成り立っています。

> ランチセッション　（第1,2回　12：00～13：00）
> チームのメンバーやファシリテーターと食事を取りながら、親睦を深めます。

> グループワーク　（全4回　13：00～16：00）
> 各グループのテーマについて、調査、取材を行い問題の実態を把握して、解決に繋がるサービスや仕組みのアイディアを考えます。

> 「志」セッション　（第3,4回　16：00～17：00）
> ファシリテーターの仕事に対する意識や志を聞いて、自分の「志」を考えます。
> 自分の「志」についての考えをグループ内で共有します。

■実践講座のスケジュール（2017年度の例）

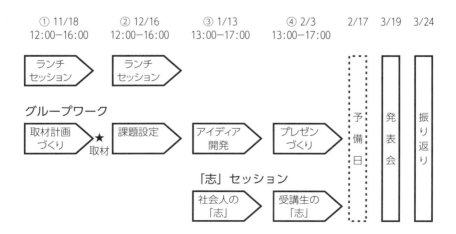

■4回の実践講座の詳細

第1回

ゴール：取り組むテーマ仮決め、取材先決定
- ランチセッション(12:00～13:00)
- グループワーク(13:00～15:45)
  - 「私の目標」共有
  - テーマ設定
  - テーマに関する現状、あるべき姿、問題の仮説立案
  - 情報収集の計画立て／取材準備
- 振り返り(15:45～16:00)
  - 「日記」の記載と共有
  - 「今日のいいところ」シート記載

第2回

ゴール：取り組むテーマの確定、課題設定
- ランチセッション(12:00～13:00)
- グループワーク(13:00～15:45)
  - 調査結果の棚卸し
  - 現状、あるべき姿、問題の見直し
  - 課題抽出
- 振り返り(15:45～16:00)
  - 「日記」の記載と共有
  - 「今日のいいところ」シート記載

第4章　社会人と高校教員の志がともに歩んだ先行事例

⬇

第3回　ゴール：提案内容を決める
- グループワーク(13:00～15:45)
  - 課題解決のためのアイデア出しと選定
- 振り返り(15:45～16:00)
  - 「日記」の記載と共有
  - 「今日のいいところ」シート記載
- 「志」セッション(16:00～17:00)
  - ファシリテーターの
    「キャリア意識」「志」共有

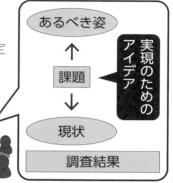

⬇

第4回　ゴール：発表資料の骨子と役割分担
- グループワーク(13:00～15:45)
  - 発表手順検討
  - 発表資料作成
- 振り返り(15:45～16:00)
  - 「日記」の記載と共有
  - 「今日のいいところ」シート記載
- 「志」セッション(16:00～17:00)
  - 「日記」を参考に、4回の実践講座を通して、自分の力になったこと、気づきを言葉で共有
- 宿題　「志」作文

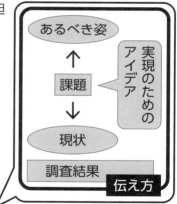

生徒たちの「志」

高校生キャリア講座は、生徒にどんな成長をもたらすのでしょうか。ここでは、生徒たちが講座修了時点で書き上げた志作文を紹介します。この志作文を読むことで、生徒自身がどんな成長を自覚しているのかを感じ取ることができます。

■外国の文化を学び日本と世界の国々との架け橋になりたい！

今回自分は、「労働」をテーマにしました。キャリア講座を受講する前はメディアくらいしか労働について考える機会がなく、まだ先のことと考えていましたが、同じテーマを考える班の人たちやファシリテーターの方の話を聞くうちに、高校生の頃から考えないといけない、いや高校生だからこそ考えられることがあるのだとわかりました。具体的な労働の現状を知るためにいくつかの企業に取材に行った際、印象に残った企業では今の時代のニーズに合った働きやすい環境を取り入れ、一人ひとりの仕事に対する意識の高さを感じました。またテーマだけでなく「志」にもふれました。初めは辞書にあるような意味でしか捉えられませんでしたが、今現在社会で活躍している方々の話を聞き、それぞれ違う志があり、また自分がどう思うのかが大事だとわかりました。自分は外国に興味があるので、まず言語やそれぞれの国の文化を学び、日本と世界の国々との架け橋となれるように視野を広げ、大人の自覚を持てる人になりたいと思います。

谷藤　梢生

■地域を大切にし、自分の地域の活性化に貢献したい！

　今回キャリア講座に参加して、社会人の方々の貴重なお話を聞くことができました。
　グループでの話し合いや取材を行ったことも、今までにはなかった新しい経験であり良かったと思いますが、それ以上にこれから先の自分の進む道を考える上でも、ファシリテーターの方々のお話は印象的でした。それぞれ全く違う職業に就いていましたが、共通していたのは自分のやりたい仕事を悩み抜いて決めていることでした。今自分が将来のことを考えると、何となくこんな仕事という程度でしかありませんが、大学生になりいざ就職するとなった時に自分が何をしたいのかわからなかったら、必ず後悔すると思います。そうならないために、今からでも多くのことに挑戦し、人生の選択肢を増やしておくことが大切だと気づきました。

　将来の自分は地域を大切にし、地域の活性化にすこしでも貢献できる人になりたいと思います。おそらく高校在学中には難しいと思いますが、様々なボランティアに参加して、学校の授業だけでは見えてこない社会の現状を自分の目で見極めたいです。

　キャリア講座で得た経験は自分にとってかけがえのないものとなりました。この経験を様々な方向へ変化させながら活かすことができて初めてこの講座を受けた意味があったといえると思います。講座の最初に「自分の意見を持つ」という目標を掲げましたが、講座を通して物事を多角的に見る大切さを知ったので今後はより明確な自分の意見を導き出せそうです。

竹田穣太郎

■人の意見をまとめられる力をつけ日本と外国との関係を改善したい！

　私の志は、人々の関係の中で起きる問題を解決して、みんなが楽しく過ごせるように仲裁の役割ができる人になりたい、というものでした。特に私が一番、関わりたいと思っているものは国同士の関係についてです。国同士の問題は解決にはたくさんの時間をかけなければいけないものがほとんどです。そういう問題を解決するため両者の話を聞き、解決策を考える職業につきたいと思います。

　私は今まで話し合うことでしか解決はできないと思っていましたが、今回調べて導いたように、まず日本に来てくれる外国人旅行客の方々に日本を快適に過ごしてもらい、日本についてたくさん知ってもらい、理解してもらうことができれば、日本と外国との関係もよくなるのではないか、ということがわかりました。問題を抱えている国同士はお互いのことを誤解している部分もあります。だからこそ、まずその国の方に来てもらって、快適に過ごし、楽しんでもらうことができれば、その国に対する印象も変わり、解決しきれなくても、少しは国同士の関係性を良い方向に変えることができるのではないかと思いました。

　このキャリア講座を通して、人の意見を聞くことで今まで自分になかったものの見方や、色んな考え方ができるようになりました。人の意見を聞くことは新しい視点を増やし、一人では考え出すことのできない、解決策を生み出してくれるとわかったので、これからも人の意見を大事にして、人との間に立って、話を聞き、まとめる力をつけていきたいと思います。

内田七菜子

第4章　社会人と高校教員の志がともに歩んだ先行事例

■人々を幸せにする娯楽制作を始めます！

　この講座に参加して、気づいたことが3つありました。1つ目は、「夢はあらゆるところにあふれている」です。僕たちがお話を伺った起業家の方は、身の回りで起きていることをヒントに起業しました。何が今の話題かを把握することやアイデア、パッションが大事だといっていました。そこで、僕は毎日していることや考えていることを振り返り、見落としているものはないか探すことにしました。2つ目は、「継続が大事」です。僕は毎日を振り返り、模索することでやってみたいことが見つかりました。しかし、将来続けられるかとても不安になりました。それでも3つ目の気付きで決断ができました。3つ目は、「今の夢を仕事にしなくていい、夢はいくつあってもいい」です。つまり、趣味でもいいから夢を持つことが大事、ということです。これは、僕を大きく助けてくれました。

　そして僕が見出した「志」は2つ、音楽制作と小説の執筆です。これは僕の趣味を反映させたもので、大勢の人も程度の差はあれ慣れ親しんでいるものですが、僕は自分でライトノベルやアニソンを制作し世に送り出そうと考えました。もちろんそれがどんなに難しいことか、才能がいることかわかっています。しかし、やらなければ何も始まらないことをこの講座で学び、制作を始めました。何もしようとしなかった数か月前と比べれば大きく成長したと、自分でも思えます。疲れ果てた社会でのちょっとした心のゆとり、娯楽という分野で人々に幸せを感じてもらえるようなものを世の中に提供していきたい、これが僕の最終目標、「志」です。

山﨑　徹

■日本に住む人が幸せになる「経済」を大学で学びたい！

　私は昔から影響されやすく、ドラマや漫画で働いている大人を見ると「その職業に就きたい！」と毎回考えていました。進路を決める時期がきてまわりが決めていく中、やりたいことが一向に決まらず、私は本当にあせっていました。キャリア講座を始めるとき、坂本さんの「大学に行ってからやりたいことを決めればいい」という言葉にすごく感動したことを覚えています。この講座が私の進路選択に少しでもヒントになったらと受講しました。

　実践講座では議論することがとても楽しかったです。私の知らないところでたくさんの問題が生まれ、その問題を解決するために大人の方が毎日遅くまで解決方法を考えている。その問題が解決されることで町に住む人、日本に住む人が幸せになる。これを「経済」ということをファシリテーターの方に教えてもらった時は鳥肌が立ちました。今までの感動とは比べものにはならないくらいの感動でした。

　志発表のとき、「夢を見すぎじゃない？」とかバカにした人はいなくて、自分の志に自信を持てました。今のままでいいのだなと改めて感じました。私は大学で経済について学び、たくさんの人を手助けできる人になりたいと考えています。また、考えることや想像することが好きだと気づきました。たくさんやりたいことがあるけれども、それを一つに絞らないでたくさんのことを経験したいと思います。きっと難しいこともあるだろうけど、それも楽しめる大人になりたいです。

久留宮詩乃

第4章　社会人と高校教員の志がともに歩んだ先行事例

■一番好きな野球を仕事にするにはどうしたらよいか調べ始めた！

　わたしは小さい頃から、自分の夢ややりたいことを考えたり人に話すことが苦手でした。興味のあることを本気で目指していいのかわかりませんでした。しかし、キャリア講座の坂本さんのお話の中で「0と1は全然違う」という言葉を聞いて、自分の興味のあることは大切にして、少しでもやりたいと思ったことはやってみようと思い、キャリア講座に参加することにしました。

　初めのころは自分の意見が正しいのかどうかわからなくて積極的に発言できませんでしたが、同じチームのメンバーが思いついたことをどんどん発言していて、「自分もちゃんと意見をいえるようになりたい」と思いました。グループワークを通して他の人の意見をたくさん聞くことができて、自分の中にはない発想にたくさんふれることができたことが良かったと思います。

　今、私は野球が一番好きなので何らかの形で野球に関わる仕事をしたいと考えています。4回目のキャリア講座で自分の志について話した後に、どうすれば自分のやりたいことに近づけるのか調べてみて、学生インターンを募集している球団があることや、中央大学のFLPのスポーツプログラムのこと、球団職員の女性は野球部のマネージャー経験者が多いことなどを知りました。今までこんな風にやりたいことだらけになったことがないので不思議な感じがするし、全部できるかわからないけれど、いろんなことにチャレンジしたいと思います。

秦野　真緒

■夢はメディア関連の職業。たくさんの人に頑張っている人やものを広めたい！

　「俯瞰で見る力をつける」が最初に立てた目標です。竹下通り商店街の方への取材では勉強になることがたくさんありました。商店街の方々は工夫を凝らして安全・安心な街を作ろうとしていたり、若い人のことをもっと知ろうと20代の流行を作り出す方と交流を深めたり、肌で流行を感じることを大切にしていると聞き、自分たちの知らない世界を知ろうとする努力を怠らない姿勢に感動しました。

　発見を重ね、自分が今までかなり狭い世界で生きてきたことがわかりました。他の人の意見や社会の現状にはあまりにも知らないことが多く、取材や議論での発見の度に新しい扉が開かれるような感覚で"今、成長している！"と強く実感しました。かつての私が身につけようとしていた俯瞰して見る力とは、ただ発見を受け入れることでしかありませんでした。しかし、新しいことを知り、それが知識と繋がるととてもいいアイデアが生まれてくる…俯瞰で見て、それを追究して発展させ提案する力がキャリア講座を通してついてきたと思います。

　新しい世界をまわりの人と協力して開いていった経験は、私を大きく成長させてくれました。この経験をもっと多くの人にしてほしい、たくさんの世界を見て感動してほしい、そう考えるようになりました。私の夢はメディア関連の職業に就いて、たくさんの人に頑張っている人やものを広めていきたいということです。多くの人が今よりもっとたくさんの世界を知って感動する機会が増えれば、社会全体が成長し明るくなるのではないでしょうか。

平間　鈴

生徒たちのグループ発表作品

ここからは、講座の成果物のひとつであるグループ発表作品を紹介します。ある生徒グループの発表作品をごらんいただくことで、講座でのグループディスカッションの内容を把握することができると思います。

テーマ①：子育てしやすい環境（2013年度第2期）

■テーマ設定

このチームでは「子育てしやすい環境」をテーマに取り上げました。発表はテーマの紹介から始まります。しかし講座のディスカッションにおいては、このテーマそのものを何にするかを話し合うまでのプロセスも、志を育むうえで大切な体験になっています。社会課題に対して、チームメンバーはそれぞれが別々のテーマに関心を抱いていることが多く、ひとつのテーマに決まりにくいのが通常です。そこで社会人ファシリ

（発表スライド）

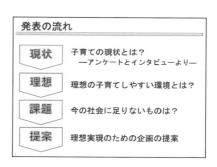

テーターが「自分が本当に解決したいテーマは何か？」、「なぜそこに関心を抱くのか？」、また「他のメンバーの関心テーマを自分事化できる接点はどこか？」などの自己洞察と他者交流を繰り返すよう、生徒たちをリードします。志を考え始める大切な体験となるからです。

　実際にこのチームでも、「子育てしやすい環境」以外のテーマも候補に挙がっていました。そこで社会人ファシリテーターのリードの下、どのテーマに取り組むべきかを高校生同士で話し合い、「高校生が解決できそうなテーマ」を基準にテーマの選考をすることになりました。その結果、「子育てしやすい環境」をテーマにすることに全員が納得することができたのです。

■調査活動

　講座では、校外での調査活動を行います。志を抱くうえで、リアルな社会との接触が効果的だからです。このチームでは、親世代へのアンケートとインタビュー、地域の子育て施設へのインタビューを行いました。

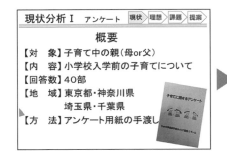

第4章　社会人と高校教員の志がともに歩んだ先行事例

■現状／理想／課題

　調査活動の後には、「理想」と「現状」のギャップを「課題」と捉えるギャップ分析を行います。「現状」の社会に対してどんな問題意識を抱くのかを考え、チームで議論することは、社会人としての志を抱き始めることに通じる部分があります。また、「理想」とは、将来のありたい姿であり、志の方向性を見定めることに通じると考えられます。

　このチームでは、子育てしにくい現状を、最も困っている母親だけにフォーカスするのではなく、母親、父親、地域の3つのターゲット軸でギャップ分析をしました。その結果、3者の関係のバランスを取ること

に方向性を見出すことができました。発表では、その構造を三輪車のイラストで表現し、聴く人の印象に残る発表になりました。

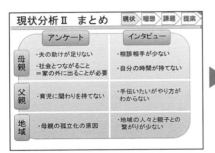

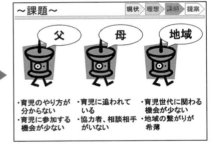

第4章 社会人と高校教員の志がともに歩んだ先行事例

■提案

　提案は「Let's イクメンチャレンジ！　〜パパ友100人できるかな〜」です。子育て初心者の父親を、子育てと地域に徐々に馴染ませていく企画により、母親を負担から解放し、社会参加を可能にしていく提案です。

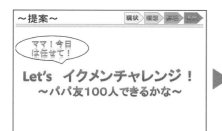
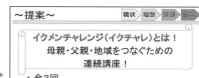

提案企画の詳細は、チームメンバーによる寸劇を写真スライドにして、わかりやすく紹介することができました。

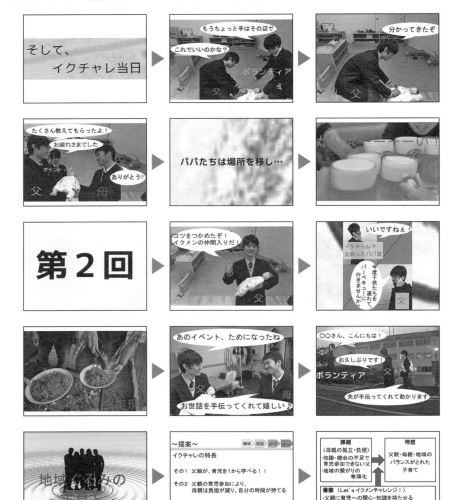

テーマ②：みんなが使いやすい交通機関（2017年度第6期）※一部抜粋

　外国人・障がい者・高齢者にとっても使いやすい鉄道についての提案です。不便の解消には、施設、案内板、人員面の改善などが考えられますが、このチームでは、利用客がお互いに助け合うことの大切さに気づくことができました。その背景には、9社の鉄道会社への取材やアンケート、高齢者理解のために地域の高齢者クラブへの取材、障がい者理解のために社会福祉協議会への取材、外国人理解のために日本語学校への取材といった多方面の現状把握がありました。

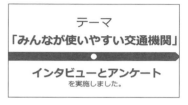

　提案の内容は「助け愛プロジェクト」です。困っている人を助けたい気持ちを行動に移すためには、助ける人と助けられる人の「相互理解」が必要で、それを身につけるための講習会を開催するプロジェクトです。鉄道の不便の解消にはいわゆるバリアフリー化だけではなく、「心のバリアフリー」が必要という、高校生からの素晴らしい提案だと思います。

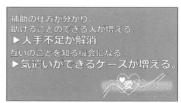

テーマ③：通いたくなる学校づくり（2017年度第6期）※一部抜粋

　高校生が、通いたくなる学校について議論しました。高校生本人が当事者なので関心が高く、深い議論が展開されました。

　現状把握では、およそ500人の生徒へのアンケート結果から、受け身の授業や将来に役に立つかわからない授業に問題があると分析しました。しかしその意識の裏側には、生徒はひとつひとつの授業に将来性を感じながら学びたいという思いがあると考え、そこにフォーカスした企画を立てました。

　「LiFT」という、生徒一人ひとりの関心テーマや将来の進路にカスタマイズできる教科書システムです。スマホやタブレット端末を使い、予め登録された生徒個人の興味や進路意識に即して、各科目の授業内容に興味を抱けるように個別編集された教科書システムになっています。近い将来、実現できそうな現実的な提案内容と思います。

テーマ④：働きやすい労働環境とは（2017年度第6期）※一部抜粋

近年の働き方改革への関心から生まれたテーマです。高校生にとっては未知の領域ですが、働くことへの興味や不安は大きいのだと思います。社会人ファシリテーターの助言や、企業への取材を通じて、新鮮な提案が行われました。

大手企業2社への取材を行い、その結果、生徒が想定していた以上に、社員の働きやすさを考慮した制度が設定されていました。しかし社員の配属先は必ずしも希望通りにならないという現実に着目し、そのような場合でも、社員のモチベーションを上げていく必要があるのではないかという問題意識にたどり着きました。そのためには社員や配属先に関する会社や上司の考える期待を見える化し、社員自身がよく理解すること。それをサポートする社内コミュニケーションシステムの提案をしました。

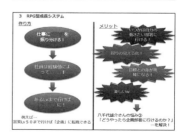

社会人になった受講生たちの声

　2012年度、2013年度に受講した生徒は、現在、社会人になっています。そこで、彼らを担当した当時の社会人ファシリテーターが、彼らを招集し、座談会を行いました。彼らは当時どんなことを考えて高校生キャリア講座を受講し、その後、どんな志で社会人として活動しているのかを尋ねてみました。

高校生キャリア講座1期生（2012年度卒業：現在社会人）座談会

中央大学高校の「第1期高校生キャリア講座」に参加したFチームの皆さんに集まってもらい、当時のことやキャリア講座がいまの自分に与えた影響などを語ってもらいました。社会人になったら再会しようという約束をしていたそうで、感慨深いひとときだったようです。

〈進　行〉吹野清隆（第1期ファシリテーター／元富士フイルム株式会社所属）
〈参加者〉石井皓大、板倉しおり、日下部健太、小林哉麻人、高橋潤哉、
　　　　　原　真純（敬称略）

キャリア講座草創期
講座の思い出とその後の影響は

吹野：皆さんお久しぶりです。6年ぶりですね。高校生だった皆さんが今は社会人になっていて、本当に月日の経つのは速いなあと感じますね。さて、当時、皆さんはなぜキャリア講座を受けようと思ったか当時のことを思い出していただけますか。

原：大学に入る前の時期で「何か自分

キャリア講座修了6年後の1期生との再会
写真（左から）石井皓大、板倉しおり、原　真純、小林哉麻人、高橋潤哉、日下部健太、吹野清隆、木内清悟

を変えるチャンスになるのでは」と、まずはやってみよう！と受講を決めま

した。
高橋：僕は附属校の特性から何もしないで大学に行けることに不安を感じていました。大学で何をすれば将来の糧になるかを考えたかったからです。
日下部：私はキャリア講座を運営している社会人とつながりがほしかったからです。働くということを他の人よりも一歩先に学びたいと思っていました。
吹野：実際にキャリア講座を受けてみて、印象に残っていることはありますか？
板倉：将来についての考えを付箋に書き、模造紙に貼ってみんなで共有する作業が印象に残っています。発表前にパソコン室にこもって作業をしたことも今となっては楽しかったですね。
石井：企業で働くビジネスマンの方との接点が持てて、すごく魅力を感じました。自分が楽しんで仕事をしていること、生い立ちから今の仕事を選んだ理由まで目を輝かせながら話していただきました。スケジュール帳を見せていただき、一日の流れや一年間の方針等もきっちりと書かれているのに驚きました。現在は人材系の企業で転職支援をしていて、いろいろな方にお会いしますが、今考えても当時の幹事やファシリテーターの皆さんは輝いていましたね。
日下部：人の内面を知れたことですね。話し合いや意見の出し合いを繰り返すことで、普段学校生活では絶対に出さない深い部分をさらけ出し合えたことがよかったです。
小林：みんなで、将来の夢や5年後・10年後にどうなっていたいかを話し合うという機会が新鮮で楽しかったですね。
高橋：理想と現実のギャップを真剣に考えたのは初めてだったので、すごく

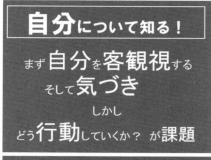

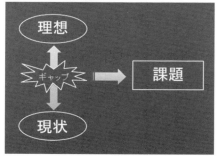

印象に残っています。

原：自分の考えをアウトプットして、他の人から意見をもらって、そこで初めて新しい自分に気づくことができました。自分のことは自分でわかっているつもりでいましたが、他人と語り合ってみて、今まで気づけなかった自分に気づくことがあるんだ、という驚き、気づきがありました。

**将来どうありたいか、をみんなで語り合う
現実と理想のギャップを埋める**

吹野：このチームでは、「生き方・志」に焦点を当てて、「将来どうありたいか」をみんなで語り合いましたね。最初は、照れくさそうだったけど、一人が話すと、次の人もその次の人も、普段話せないような心の中で思っていることまで話していたのが印象的でしたね。受講後はどうでしたか？　一番の収穫は何でしたか？

板倉：「キャリア＝就職」ではなく、キャリアを考えることは人生全体について考えることだと知ったことです。また普段は話せないような社会人の方とお話できたのもいい経験になりました。

石井：正直いうと、楽しかったなぁと漠然と思っただけでした。高校三年生で受講したので、大学入学前に良い経験ができたと感じていました。

日下部：自分が人と違うということを認識したことです。今思えば当たり前ですが「人は一人ひとりみんな違う」ということを気づくきっかけになりました。「自分は人とは違う。良いところは伸ばせばいいし、悪いところは直せばいい」と思えたことが一番の収穫でしたね。

小林：実際に自分の5年後・10年後にどうなっていたいか考えてみると、意外と簡単にイメージできました。でもそのために今、何をやらなくてはならないのか、自分のイメージする姿になるためには半年後、1年後には何をしなくてはならないのかということを考えるのは難しかった。理想と現実とのギャップを考えることで何をしなけ

板倉しおり
・気づき
　固定観念や親の影響を強く受けていることに気づいた。
・感想
　本音で話し合えることが新鮮だった。
宣言
常に目標を具体化していきます！

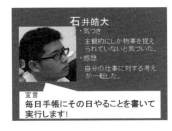

石井皓大
・気づき
　主観的にしか物事を捉えられていないと気づいた。
・感想
　自分の仕事に対する考えが一転した。
宣言
毎日手帳にその日やることを書いて実行します！

ればならないのか気づくことができ、やるべきことが見えてきました。

高橋：どういった大学生活を過ごせばいいか行動軸ができたように思います。具体的には大学では多くの場が提供されていますが、僕の場合は理想に近づくために、興味のないことにも積極的に参加すること、最後までやり抜くことを指針に行動してきました。

原：高校時代、自分の将来を悲観的に考えることは多々あったのですが、具体的にありたい姿と現状とのギャップを洗い出してみんなで共有し合うことで、将来について前向きに考えられるようになったのが私にとっての一番の収穫でした。漠然とした不安を抱えている状況でも、一つ一つ掘り下げてこういう状態になりたいけれど、それと比べての現在のギャップはこうで、どれくらいの期間でこうしないといけないと具体的に出せた時に、自分の将来と前向きに向き合うことができたと感じました。

キャリア講座で得た経験が
就活や仕事、いまに繋がっている

吹野：社会人として振り返ってみて、キャリア講座を受講して何か役に立ったことはありましたか？

板倉：就職活動で「あなたの理想のキャリアを教えてください」という質問を受けることが多かったのですが、キャリア講座を受けていたおかげか明確に話すことができました。

石井：当時はあまり感じていなかったのですが、自分について潜在的に興味を持ちはじめるきっかけになっていたように思います。チームのテーマは「自分について知ること」でしたので、その後、就職活動前後で自分が何をしたいか考える際にとても役立ったと思います。

日下部：役立ったことは人との繋がりを持てたことですね。こうして皆さんと再会して、いろんな話ができてること自体、素敵なことだと思います。

小林：僕の今の仕事は、ほとんどが理

想と現実のギャップを埋める作業です。僕自身、地域金融機関で働いており、中小企業の方々とその企業の将来を一緒に考えています。例えば、売上を伸ばすには現在何をしなければならないのか、その企業の業種や規模、会社の設備環境や社長の性格等様々な点を踏まえてよりよい案を企業に提供します。まさに、理想のために現実とのギャップを見つける作業です。正解はなく、上司から教えてもらうようなものでもないのでキャリア講座での経験は大変貴重でした。

高橋：キャリア講座で様々な理想を描きましたが、そのほとんどがまだ達成できていません。でも自分の将来を初めて真剣に考えたこと、行動軸を作れたことはキャリア講座のおかげだったと思っています。

原：現在入社2年目で、フランチャイズビジネスのスーパーバイザーとして加盟者の経営や販売のコンサルティングをしています。原則10年の契約をしているのですが、当初抱かれていた事業への熱意や将来ありたい姿などが途中で薄れていってしまう加盟者をよく見かけます。キャリア講座で私たちのチームが軸として使用していた「現状、ありたい姿、そしてその2点間のギャップ」という構図を用いて、加盟者にもう一度そういった意識を持って取り組んでいただけたらと考えています。

吹野：皆さんが社会人になって、すごく成長していることに驚きました。会社で働いている時に、当時学んだことを活用してくれていて本当にうれしいですね。最後に、中大高の生徒の皆さんにメッセージをお願いします。

板倉：私は高校生のとき、明確な将来の夢がありませんでした。皆さんもあせらずに自分と向き合ってほしいと思います。

日下部：キャリア講座を良くするも悪くするも受講者側です。自主性を求められるプログラムなので、うまく使え

ばきっと「デカいもの」を得られると思います。

小林：高校生活3年間はとても貴重な時間です。今楽しんでやっていることが将来貴重な財産になると思います。部活、委員会活動、文化祭、体育祭、勉強、アルバイト等、何でもいいので自分が一生懸命になれることにチャレンジしてみてください。そういった経験が将来必ず役立ちます。

高橋：大学生活やその先の将来に不安を感じている人にぜひやってもらいたいですね。特に中大高は附属校という特性から時間にゆとりがあります。授業では将来のことを真剣に考える機会はほとんどありませんが、キャリア講座ではグループワークをしながら楽しく考えられます。他の人の考え方を知ることはとてもプラスになりますね。

原：自分の将来に対して、「普通に」大学に行って、「普通に」就職して、「普通に」結婚して、子どもができて……と漠然と考えているという方も多いのではないかと思います。私自身もそうでした。あなたの思う「普通に」は、もしかしたらあなたの家庭を見てあなたの中で形成された「普通」なのかもしれません。しかし社会には、あなたの「普通」とは異なる生き方、考え方、視点を持っている方はたくさんいます。そういった、広い社会と早い段階から関わり合える講座があるのはとても恵まれた環境だと思います。自分自身、社会、そして自分の将来などについて考える良いきっかけとなる講座です。ぜひこの機会を活用し、密度の濃い、実りある高校時代を過ごしていただきたいと思います。

吹野：皆さんありがとうございました。キャリア講座での数ヶ月のつきあいでしたが、その後の皆さんの人生によい影響を与えることができて本当にうれしく思います。こうやって、実際に社会人になった皆さんと再会できたことで本当に幸せを実感しています。本日はお忙しい中、本当にありがとうございました。

2012年度講座受講時の1期生Fチーム

▶追▶跡▶取▶材

高校キャリア講座は
大学生活のナビだった

中央大学高校 受講生のその後

中大高の名物、土曜講座「高校生キャリア講座」は企業人幹部の助言を得て、社会に出てから必要とされる力を身につけるグループワークだ。ここで培ったものが今、大学生活で生きている。体験者が語るその後の高校キャリア講座。迷わず、真っすぐに青春を走る姿が見えてくる。

高校講座で学んだものが目の前に

板倉しおりさん（中大高一文学部1年）

　大学に入学して、半年余りが過ぎ、「高校生キャリア講座」という言葉を懐かしく感じている。

　「社会研究」の授業を担当されていた上井恒毅先生に勧められて、講座を受講した。他校の友人が受験勉強に励む中、「私も何かしなければ」と駆り立てられて、これなら進路決定後の時間を有効に使えると思った。

　「キャリア」と聞くと「就職」のイメージしか浮かばず、ガイダンス参加前は高校生のうちから将来の就職について考える講座だと思っていた。大企業に勤める方々から就活のイロハでも教えてもらえるのかもしれないという浅はかな考えもあった。

　しかし、講座を受けるうちに「キャリア＝就職」ではなく、もっと先の「人生設計」のことだと実感した。

　私が所属した「富士フイルム」チームは、理想と現実のギャップから生まれる「気づき」を大切にした。

　模造紙に自分が置かれている現状と理想を書き出し、それをグループのみんなで見て、話し合う中、各自がそれ

第4章　社会人と高校教員の志がともに歩んだ先行事例

それの人生設計を予想以上に具体的に描いていることに驚いた。一人で考えただけではわからないことだった。

　最終発表で賞はいただけなかったが、ファシリテータ（別稿参考）の方々や仲間と一生ものの絆を得ることができ、講座に参加してよかったと心から思っている。

　4月、大学入学直後にキャリア講座での経験が役立つ出来事があった。全員に配布された「キャリアデザインノート」を広げて驚いた。ほとんどがキャリア講座ですでに気づき、実践していたことなのだ。

　キャリアについて、周りの人より一歩先に深く考える環境にいた。ノートを見て実感し、改めて感謝した。これだけではなく、講座での経験は大学生活全般をよりよいものにしている。

　大学生になると、就職やそれに向けての活動が一気に身近に感じられるが、キャリア講座に参加して「就職」も人生の一段階であることが分かり、「就活」のための大学生活にならないようにと心掛けている。

　勉強や資格取得はもちろんだが、サークルや趣味においても、1年以内に達成したい短期目標、2～3年以内に達成したい中期目標、卒業までに達

入学直後にもらった「キャリアデザインノート」

成したい長期目標と段階ごとに目標を立て、短期目標から一つずつ達成していこうと考えている。

　直近の目標は、勉強では高校で取り損ねた漢検準一級へのリベンジ、サークル活動（軽音楽）では白門祭のステージで演奏すること、趣味（旅行）では沖縄旅行の資金を貯めること。友人の存在や刺激をバネにしつつ、あせらず、しっかり取り組むようにしている。

　私たち富士フイルムのグループで決めたことがある。それは、「10年後にもう一度集まる」というものだ。それが私の長期の目標、10年後再会したときに胸を張って、職について語れるようになることである。

早くに社会を知った

石井皓大さん（中大高一法学部1年）

　大学に入って、いままでと環境が大きく変わった。高校までは勉強も知識型であったが、大学は知識を前提とした研究中心の勉強が増え、生活の自由度も大きく上がった。

　やりたいことができるようになる一方で、何もやらなければ、ただ時間だけが過ぎていく。その中で、キャリア講座の経験が大学での指針の一部になっていると感じる。なぜなら、キャリア講座を通して、自分を見つめ直すことができたからだ。

　同講座で扱うテーマは実にさまざまで、班ごとに違う形で進められていた。僕たち富士フイルム班は社会を考える前に、まず自分について知るべきだ、として「10年後の自分をどう考えるか」という具体的なテーマを設けた。

　はじめは、自分について考えるなんてほんとに必要なのかと疑問に思っていた。しかし、自分の思っていることをほかのメンバーと話し合うと、自分を客観視することができ、自分が周りの人と比べて何を強く意識しているかがわかった。

身近になった社会

　ファシリテータ役の木内さん、監督をしていただいた吹野さんは、日ごろ使っている手帳やノートを広げ、仕事をするうえでの心構え、会議の進め方などを惜しむことなく話してくれた。

富士フイルムの木内清悟さん（左端）にはファシリテータをしていただいた

社会人の手帳を見ることで、社会を身近に感じ、社会に対する意識が変わった。手帳には日々の予定のほか、今週の目標、月間目標、今年中にやりたいことなどが細かく書かれてあった。そして、こう話してくれた。

「人生はみんなが思っているよりずっと短い。だから一つ一つやるべきことを書いている」と。

この言葉は今でも強く印象に残っている。

また、発表の準備で教わった「相手に伝えるための技術」は、現場を経験した人ならではの具体的なもので、それをいま、ゼミの発表時などで参考にさせてもらっている。

企業人と講座を進めることで、社会に対する価値観が変わったことはもちろん、自分に対する認識が変わった。高校3年までは自分をしっかり見つめていなかった。漠然と考えていた将来について、具体的に考えるようになった。

自分は何になりたいのか、何がした

いのか、明確な答えは出ていない。しかし、キャリア講座を経験していなければ、何も考えずに大学生活を過ごしていたかもしれない。そう考えると、生活が大きく変わる高校から大学への転換期に、社会とのかかわりを持つ機会を得たことは、非常によかったと思っている。

忙しい日常の仕事があるにもかかわらず、休日も指導してくださった企業の方々、参加を勧めてくれた先生方、班のメンバーに感謝している。

中央大学広報誌「HAKUMON Chuo」2013秋号 No.233より転載

ファシリテータ…会議や集会などでテーマや議題に沿って発言内容を整理し、発言者が偏らないようスムーズな進行を心がける人。会議などでの決定権は持たない。

高校生キャリア講座2期生（2013年度卒業：現在社会人・大学院生）座談会

中央大学高校の「第2期高校生キャリア講座」に参加し、「子育てのしやすい環境」をテーマに解決策を論じたメンバーのうち3名にお集まりいただきました。さて、卒業生たちは、講座でどのような力を身につけ、どのような進路を選び、どんな将来や志を考えているのでしょうか？ またこの3名は現在ファシリテーターを務め、母校の後輩たちの道標となっています。

〈進　行〉荻野茂男（第2期ファシリテーター／株式会社博報堂）
〈参加者〉菅野さん（金融機関勤務）
　　　　　高橋さん（市役所勤務）
　　　　　若林さん（大学院生）

「子育てのしやすい環境」の解決策を考えた3人の現在

荻野：高校生キャリア講座修了生の座談会を行うにあたり、幹事のなかで第2期Eチームの「子育てのしやすい環境」が印象に残っているという意見が多くて、本日はみんなに集まってもらいました。まずは、現在どういう仕事や勉強をしているか、そして、どうしてその道を選んだのかを聞かせてください。

菅野：僕は地域社会に根ざした金融機関で投資信託の事務やシステムを担当しています。地域で生活している人や、地域の基盤産業を支えたり、関わっていきたいと思って入社しました。

若林：大学院の教育学部修士課程1年です。教育学研究科で憲法理論や政治理論を研究しています。高校時代は教員を目指していましたが、「教育」と

進行：荻野茂男（第2期ファシリテーター／株式会社博報堂勤務）

いうテーマは一生をかけて取り組んでいくことになると思うので、修士課程では直接的に自分の関心に近いことを研究しています。

高橋：私は某市役所のコミュニティに携わる部署で働いています。町内会と自治会の支援と、地域の集会施設が担当です。居場所づくりなどコミュニティに関係するような自分がやりたいことが一番できる市役所に入って枠組みから作っていきたいと志望しました。

荻野：今後はどういうふうに仕事をしていきたいですか？
菅野：最終的には融資と金融サービス提供、どちらかの部門で地域や産業をより発展させていくための仕組みづくりに関わりたいです。
若林：修士課程で研究の面白さも感じるので、研究を続けるか検討中です。自分ができることは、社会に対して知や想像力を提供することかなと思い始めています。
高橋：私は部署の異動がありますので今は地域と近いところで働いていますが、市役所はふつうは3年スパンで異動します。人に寄り添える仕事をしたいと思っています。

キャリア講座参加により視野が広がり、考え方のフレームを身につけた

荻野：キャリア講座は、そもそもなんで受講しようと思ったのかな？
若林：2年生の時に第1回キャリア講座に参加した友人が、僕ともう一人の友人を誘ってくれて参加しました。
菅野：僕は第1期、2期、両方に参加していますが、第1期のときは、新しいものが始まりそうだなという興味から参加しました。ふだんの授業とは違って、答えのない課題にグループで取り組んでいく、そこに社会人の方が入ってくださるというのを聞いて、魅力的に思いました。非常に面白かったので、第2期も喜んで参加しました。
高橋：私も第1期、2期、両方に参加しています。特に2年生の時は進路に悩んでいたんだと思うんです。それで将来について考えていくなかで、キャリア講座があると知ったので、参加しました。
荻野：その頃はどんな進路を考えていたのかな？

菅野さん（金融機関勤務）

菅野：中学2年生くらいから航空管制官になりたいと思っていました。高校のOBのパイロットの人に会う機会があって、話を聞いたりもしました。
若林：僕は中学2～3年生の時から教員になろうと考えていました。今の教育に関する問題は教育学だけの視点では解決できないと思ったので、法学部に進むことにしました。
高橋：私は全然、進路は決まっていま

せんでした。影響を受けやすいので、2年生のキャリア講座で森永のファシリテーターの方の話を聞いたら森永いいなと思ったし、3年生の時は荻野さんの話を聞いて博報堂かっこいいなと思いました。

荻野：そうやって影響を受けて、視野は広がったよね？

高橋：はい、視野を広げたいというのがキャリア講座を受けようと思ったきっかけでもあります。進路が決まっていないからこそ、視野を広げたいと思っていました。

荻野：講座のどんなことが印象に残っ

高橋さん（市役所勤務）

ているかな？

高橋：今思うと、大学のゼミみたいなことをしていたなと思います。同級生とディスカッションをする機会は高校の授業のなかではないので、面白かったですね。

若林：Eチームの発表はすごくよくできていたと思うんですが、その一方で今の自分が見ると、見方がやっぱり高3ならではで、限界もあるなと感じます。問題設定を立体的に、構造的に考えることに限界があるし、大学の学びとは差があるなと思いました。

高橋：あとは、公益施設に行った取材が楽しかったですね。

菅野：その頃はまだ取材がキャリア講座のなかのステップとして確立されていなかったんですよね。工程として決まってはいなかったけど、取材に行こうということになって、先生や取材先と交渉したり。そういう経験から自分たちで道を切り開いたという印象がすごく残っています。

高橋：アポも自分たちでとったんだよね。

菅野：取材先探しから完全に自分たちでやっていたよね。

荻野：企画作りや取材、同級生とのディスカッションあたりがいい経験だったということかな。

高橋：考え方のフレームも、課題と現状の捉え方がすごく参考になりました。

荻野：その考え方は、社会に出たら当たり前でも、高校生からすると考え方の指標になるよね。高校生のうちにそうやって物事を整理して、何かを発見

して前に進める経験をすると、いろんなことがそうやって見えてくるようになる。
菅野：社会人の方からの影響ということでいえば、荻野さんに手帳を見せてもらったのも印象に残っています。
若林：僕もです。
菅野：1回目のグループワークのときだったと思います。社会人の手帳を見て、その暮らしやスケジュール感を感じたり、メモの取り方だったり、こういうふうに将来なりたいと思いました。社会人といっても身近には親くらいしかいない状況で、仕事の手帳を広げて話す機会はなかなかないですから。
高橋：お子さんの写真も見せてもらいました。

荻野：ちょうどみんなが子育てについてディスカッションしていて、ファシリテーターではなくて一被験者として子育ての話をしたね。世の中のいろんな人が子育てについてどういう悩みを抱えているのか、当事者とか、保育施設とか、実際に聞いてみないと本当のことはわからないからね。

キャリア講座で自分の「地域」への関心に気付き、仕事や進路にも影響

荻野：その後の進路選択や将来の考え方にはどんな影響があったかな？
菅野：ひとつの課題に向き合って、課題をいろんな角度から考えて解決するために粘り強く取り組んでいくことを学びました。自分が関心をもったひとつのテーマを徹底的にやっていこうと

2013年度講座受講当時の2期生Eチーム

いう決意を大学に入る前にできて、大学に入ってからは地域や政治過程についての研究に没頭しました。

荻野：「地域」という自分のなかのテーマ、志を見つけられたということかな。

菅野：そうですね。キャリア講座では1年目も2年目も地域がテーマで、自分自身が地域に興味を持っているということに気づきました。チームでの議論を通じて自分のなかの深層心理を引き出してもらったし、自分が地域や環境に興味をもっているということを意識するきっかけになりました。

荻野：Eチームのテーマは単に子育てじゃなく、「子育てしやすい地域づくり」だものね。

菅野：そう、地域や環境なんです。1年目のキャリア講座でも「プレイパーク」という地域で子どもたちが自由に遊べる公園を取り上げたので、あの頃から地域に目を向けていたなというのが、改めて今振り返っても思います。

荻野：就職先も地域に近いし、そこはつながっているよね。若林君はどうかな？

若林：僕は規範的政治理論という学問をかじっています。キャリア講座でやる現実と理想を比較して、課題を見つけるというのはまさしく政治理論的な考え方だといえます。キャリア講座で身につけた考え方と、いま研究している規範的政治理論は、まず理想はどうあるべきかというのを人間の思考や議論を通して明らかにしていく、という

若林さん（大学院学生）

部分は共通しています。

荻野：あるべき世界を追求しよう、という意味ではつながっているということだよね。現状を小手先だけで改善しようとすると、本来あるべき姿にたどり着かない。あるべき世界を追求するのって、けっこう大事だと思うんだよね。高橋さんはどう？

高橋：視野を広げる習慣がついて、大学に入ってからも精力的に視野を広げようと、いろんなところに飛び出していきました。大学のゼミでも子育て政策など地域のことをテーマにしたのですが、キャリア講座で文献を読んでいたおかげで、導入がスムーズでした。

菅野：確かにいろんな文献を読んだり、話したりするなかで、視野が広がった

な。
荻野：視野を広げるって、大事だよね。新しいジャンルに飛び込むというのはちょっと怖いけど、世の中どんどん新しいことが増えていくから、飛び込んでいく方がいいよね。
高橋：一回やっちゃえば、飛び込めるようになるんですよね。
荻野：一回飛び込んでみてさ、飛び込んでよかったとか、なるほどという感じになると、次のジャンルに飛び込みやすくなるよね。いいんじゃないかな、飛び込み体質！
高橋：飛び込み体質、忙しくて抑えがちだったので、思い出さなきゃ！

議論を重ねて課題を決めるのがまず一番の山場

荻野：みんな（第2期キャリア講座Eチーム）が「子育てしやすい環境」というテーマにした理由は覚えている？
若林：講座第1回の前に、各人が社会に対して問題意識、解決したいと思っていることを考えてきてといわれて、僕は「東京オリンピックはできるのか」、友人は「ハワイのゴミ問題」。それ以外にもあったのですが、我々のなかでも共通意識があったのは、発表して価値のあるもの、僕たち高校生でも解決可能性があるものにしたい、ということ。みんなが提案して解決につながりそうなのは、やはり地域とか身近な問題。大きすぎる問題、行政がかかわるような問題は向かないので、「子育てしやすい環境」になりましたね。
菅野：そのテーマをどうしたいのか、なんのためにそのテーマをやるのか、すごい議論した記憶があります。
荻野：実はこのプログラムの一番の山場はまさに最初のテーマ決めにあるんだよね。テーマが決まったら、調べて分析して解決策を出すというのは自ずと進みやすいんだけど、そもそも何のテーマに取り組むかというのは、みんな意見が違うからひとつにするのって非常に難しい。お互い違う意見をもっている生徒同士が議論してひとつにまとめていくのが一番大事。
高橋：プレゼンの作り方も勉強になりました。
菅野：完全に自由にできたのは高校生だからこそだったかな、とも思います。本当に自由にやったな〜と思います。
荻野：自由にやって、とても良い発表をしてくれて、それが現在の仕事や勉強につながっているようで、運営側としても喜ばしいです。本日はありがとうございました。

志がつないだ開講の経緯

　高校生キャリア講座の源流はリーマンショック直後の頃の企業研究会「経営革新に貢献する人材開発推進フォーラム」での活動に遡ります。26名が4チームに分かれて、2010年1月〜7月までの約半年間議論しました。Cチームのテーマは「組織・風土改革」。風土に関わる「現状⇔理想」を対比しながら、「イノベーションを生み続ける組織」になるための風土改革について討議し、「"想い"を育てる組織・風土改革」をキャッチフレーズに話し合いを進めました。

　そして、企業の人材開発担当として、いかに改革・変革を推進していくリーダーを育てていくか？　という問いについて、白板を前に喧々諤々語り合いました。変革リーダーとは、「強い想い、高い志、深い哲学、大きな愛」「研ぎ澄まされた五感」「感動を伝える力」「多様な価値観」というマインドを持って、「粘り強くとことんやり抜く」「現実を知り尽くし、未知を想像し尽くす」「周囲を感動で巻き込んでいく」と。このような人材を育成するためにいろいろな研修や修業の案が出ましたが、結局、最終的には、「企業に入る前の教育にこそ課題がある！」との結論に至りました。そのために、具体的には、「教育改革の提言」「学校へ

「組織・風土改革」Cチームメンバー

第4章 社会人と高校教員の志がともに歩んだ先行事例

の出前授業」「先生との本音座談会」を行おうという今後の計画を立てたところで、本フォーラムは終了。研修が終わると、提案止まりで行動にまで至らないのが普通ですが、本メンバーはその後も活動を進め、他チームメンバーも加わり、定期的に各社をまわって議論をし続けました。具体的にどこかの学校で実践しようということで、全員が母校等いろいろな学校に当たりましたが、見つかりませんでした。

その翌年2011年に、メンバーの中山康子さん（当時株式会社東芝所属）が、中央大学理工学部で展開する「WISE Chuo」というキャリア教育プログラムの中で講義した際、大学生だけでなく、高校生にもキャリア教育をやりたいという想いを事務担当の方に伝えました。するとその後、事務担当の方から当時の中央大学副学長に想いが伝わり、さらに、副学長から中央大学高校教頭に想いが伝わりました。

そして、ついに2012年に高校生キャリア講座がスタートしました。この写真は、発足に関わった人たちです。その後も、この活動に共感した仲間が増え、2018年に7期目を迎えることができました。

2012年度（第1期）高校生キャリア講座発足に関わった人たち

2018年度第7期高校生キャリア講座に関わった人たち

『高校生キャリア講座への期待』

前中央大学高等学校教頭　伊藤　一幸

○開講の経緯

　私が中央大学高校に在職中であった2012年の1学期に、中央大学の加藤俊一副学長から、社会人を交えた高校生向けのキャリア講座を中央大学高校で行ってみてはどうかというお話をいただきました。ちょうどカリキュラム改訂に関連して土曜日を活用した新しい講座の展開を検討していた時期であったことに加え、一般企業に勤務する社会人と高校生との共同作業というところに興味をひかれ、企業有志の幹事の方々からお話を伺いました。

　講座の内容は、大学生の就活に連なる職業教育のようなものではなく、社会に存在する様々な問題を高校生が自ら発見し、その解決に向けて議論を深め、グループワークを行う中で自分たちの答えを探していくというものでした。

　そして、講座の最大の目的は、高校生がこのプログラムを経験することをきっかけとして、十代後半の早い時期から社会への関心を呼び覚まし、将来、自分なりの目標や理想─「志」─を抱いて主体的に自分の人生に立ち向かっていく人材を育てるというところにありました。そして彼らが、やがて日本や世界をより良く前に推し進める人間になってほしいという純粋な願いに支えられていました。

　高校側としても、社会にとって有為な人材を育てたいという企業有志の方々の熱意に共鳴する形で、2012年2学期に第1回の講座がスタートしました。全く経験のないところからのスタートで、当初は手探り状

態でしたが、毎年少しずつ修正を加えながら進化を続け、7年が経過した現在、グループワークとしてある程度の完成形ができあがったのではないかと手応えを感じています。

○高校生という時期に必要なもの

　開講の準備を進めながら、実はこの講座に一番参加したかったのは他ならぬ自分自身ではなかったのかという気持ちにとらわれていました。

　何十年も前の自分の高校時代のシーンが甦ってきました。私は地方の県立の進学校に通っていましたが、2年生後半からは日本の大半の高校生の通過儀礼である受験勉強に追われる毎日でした。意欲的に取り組む面もあった反面、将来の自分の生き方について考えたくても、受験勉強という閉塞的な状況の中で思うにまかせない日々が続いていたように思います。

　そんな毎日の中で親友との語らいや、担任の先生からの経験談は大きな慰めになっていました。今思い返して当時心の中で求めていたのは、自分の生き方についての漠然とした思いを受け止めてもらえる相手、何らかの示唆を与えてもらえる存在だったといえます。言葉に出すかどうかはともかく、私の周囲の多くはそのような存在を求めていたように思います。しかし、親でも教員でもない社会経験を持った人物が高校生の身近にいることは少ないのではないでしょうか。

　社会人がファシリテーターとして生徒たちと関わることを前提としたこの講座のお話をいただいたとき、何十年も昔の高校生（私自身）が求めていたものがここにはあると直感的に理解しました。そしてそれは間違ってはいなかったことが、過去7年間の参加生徒たちの率直な感想を聞くにつれ、証明されたのではないかと考えています。

高校生という十代後半の時期は、人間の成長過程の中で子どもの領域を離れ、大人として自立してゆく助走期間に当たるのだと実感しています。そのような時期を過ごす彼らに最も必要なものは、目の前に横たわる社会という広大なフィールドを見渡す地図であり、地図を読み解き、自分が歩んでいくルートを構築するに際してのアドバイザーというべき存在ではないでしょうか。

　中央大学高校をはじめ、かつて勤務したいくつかの高校の生徒たちからも、時代の変遷を超えて彼らが求めているものを感じ取ってきたように思います。

○**これからに向けて**
　日本の教育は知識偏重の詰込み主義だとの批判は、昔から呪文のように唱えられてきました。そうなった要因は、国民性や時代的社会的要請など多岐にわたり単純ではないでしょう。最近でこそアクティブ・ラーニングの重要性が訴えられていますが、そのような教育体制を整えてこなかったのは間違いなく大人の責任に帰します。

　しかし、高校生に限らず、子どもたちはそれぞれの持つ資質を伸ばすべく、さまざまな養分を吸収したくてウズウズしている新芽のような存在です。中央大学高校という小さな学校でのささやかな取組みが、生徒たちの成長を促し、人生の志を形成する大きな糧となることを願ってやみません。

　また、少し大げさかもしれませんが、この講座が今後ますます望まれる日本の教育の在り方を先取りし実践するものとして長く歩み続けていくことを心から願い、この講座を支える大勢の方々のご助力を仰ぎたいと考える次第です。

第4章 社会人と高校教員の志がともに歩んだ先行事例

第 5 章

あなたの学校、あなたの地域で始めるには
～「高校生キャリア講座」の運営方法～

社会人の志が駆動するソーシャルアクション

　第5章では、皆さんご自身が関係する学校や地域で、高校生キャリア講座を実現する方法を紹介します。実現する主体は、高校職員や教育委員会等の高校教育に関わる方々、PTA役員、生徒の親、高校OB/OG会役員やOB/OGの社会人、地域の自治会やNPO団体、地域の社会人や企業など、高校生を取り巻くあらゆる社会人が該当するでしょう。「高校生の志を育みたい」という志のある社会人であれば、どなたでもよいと思います。

　運営の特徴は、高校生キャリア講座は非営利のボランティア活動によって支えられているソーシャルアクションである点です。その活動の全ては、運営する社会人の「志」が駆動させています。本書ではここまで高校生に「志」をもってもらうことついて述べてきましたが、実は運営する社会人自身にも強い志があるのです。

　中央大学高校での実践ケースでは、参画する社会人ファシリテーターは本講座の目的、高校生に志をもってもらいたいという目的に賛同して自発的に参画しており、やらされ感は皆無です。「志」ある社会人が、「志」をもちたいと願う高校生に本音で真剣に接することにより、多大な好影響が生じています。

　講座の実現に向けて必要な要素は、「高校生の志を育みたい」という強い志を抱く学校と社会人の出会いと、社会人のボランティアによる人

的運営体制の2点です。

まず志を抱く学校と社会人の出会いですが、高校生キャリア講座そのものがまだ一般的なものではないため、実施したい学校と社会人が出会うこともまれでしょう。しかしもしあなたが高校の職員であれば、本書を持ってOB会、PTA等の関係社会人に講座運営の協力を働きかけてみてはどうでしょうか。あるいは、キャリア講座推進プロジェクトに相談を寄せていただければ、運営協力ができる場合もあります。

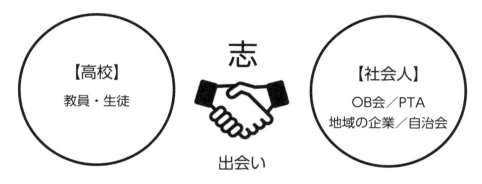

もしあなたが高校OB/OGや高校PTAの関係者で、生徒のキャリア教育に問題意識をお持ちであれば、自らが実施主体となって高校に「高校生キャリア講座」を提案してみてはどうでしょうか。特に高校OB/OG会役員であれば、生徒にとって学校の先輩が社会人ファシリテーターを務めるという理想的な体制を組みやすいと考えられます。

また中央大学高校での例からは、特定の高校と社会人が組んで行うパターンが想定されますが、社会人が、特定の高校に限らない高校生個人

を募って、独自に実施するパターンも考えられます。

　次に社会人のボランティアによる人的運営体制づくりです。参加生徒の人数に応じて複数の社会人の参画が必要です。生徒6名のグループに2名の社会人ファシリテーターが担当でつくのが望ましい体制です。つまり生徒が30名いれば、5グループで10名の社会人の参画となります。1グループに1名でも可能かもしれませんが、実践経験に基づけば、社会人ボランティアのため、本業都合でやむを得ない欠席があったり、2名の方がよりきめ細かい指導、より幅広い視点の提示が可能であったりしますので、1グループに2名の社会人の体制を推奨します。

　また社会人の人数がそろえばよいというものでもありません。ボランティアで「高校生の志を育みたい」という志を抱く社会人である必要があります。もともと社会貢献意識の高い社会人の団体等であれば体制を組みやすいのですが、実際には、社会人の起案者が、人数を集める体制づくりをする場合も出てきます。このようなボランティア活動に力を割いてくれる社会人がどれほどいるのだろうかという心配や先入観もありますが、今の時代はミレニアム世代を中心に、後輩世代のために社会貢献したいという社会人は珍しくはないというのが、協力要請を重ねてみての実感です。もちろん誰もが該当するわけではありませんので、誰に協力を要請するのかの目利きが大事です。また東京都内であれば、「キャリア講座推進プロジェクト」の人的協力が可能な場合もありますので、ご相談ください。

第5章 あなたの学校、あなたの地域で始めるには

　参考に中央大学高校での講座運営では、40代、50代の年配社会人数名と、彼らそれぞれが職場でアサインした20代、30代の若手・中堅社員3名程度ずつにより体制が組まれています。そのうえで、年配社会人たちが運営幹事として、全体をデザインする人、若手ファシリテーターのコーチをする人など、それぞれ組織的に役割分担しています。

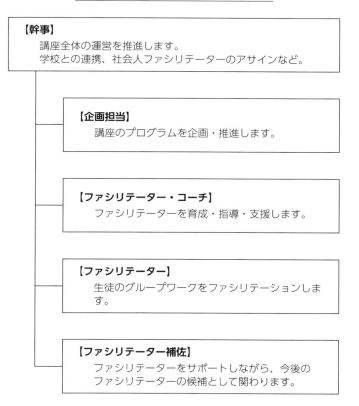

中央大学高校での講座運営体制

ファシリテーターの活躍が支える講座運営

　高校生キャリア講座の運営には、ファシリテーターの存在が不可欠です。社会人として自分自身も悩みを抱えるファシリテーターが、生の言葉で社会を語ることで、高校生にリアルに響きます。

　では「高校生の志を育みたい」という志を抱く社会人であれば、高校生グループをファシリテーションできるのでしょうか。ファシリテーションそのものの経験がない社会人、高校生と普段接点のない社会人が大多数だと思いますし、ファシリテーションできるのか不安を覚える社会人も多いと思います。しかし、社会の一員としてしっかり働いている社会経験があれば、高校生の人生の先輩としてファシリテーションすることができると考えています。

　ただし、ファシリテーションに関する最低限のスキルは身につけてもらうべきと考えており、高校生キャリア講座では、ファシリテーター初心者向けの研修とマニュアルを用意して、ファシリテーターをバックアップしています。

　研修は、3時間程度の時間で、ファシリテーションの技術の習得と、生徒グループが取り組む社会テーマに関して事前討論などを行い、講座に備えます。マニュアルは、第3章で紹介したワークショップキットが該当します。

第5章 あなたの学校、あなたの地域で始めるには

ファシリテーターたちの声

　ファシリテーターの参画はボランティア精神による社会貢献活動ですが、これが長続きする理由は、貢献するだけでなく、ファシリテーター自身にとって得るものがあるということです。他業界の社会人との交流が楽しい、生徒の成長に感動する、自分の本業ビジネスの参考になる、本業では発揮しにくい自分らしさを発揮できる、そして自分自身の志を内省し、成長する機会になる、など様々なリターンがあります。いずれもこうした機会がなければ、得ることのできない貴重な体験ではないかと思います。そこで過去2期以上にわたりファシリテーターを務めた社会人に集まってもらい、なぜ高校生キャリア講座のファシリテーターを継続して務めてきたのかを座談会にて話してもらいました。

ファシリテーター座談会

〈参加者〉
長谷川恭平（株式会社博報堂）
西沢孝浩（東芝デジタルソリューションズ株式会社）
髙橋祐帆（富士フイルム株式会社）
中西　遼（株式会社ストライプ
　　　　　インターナショナル）
小名木奈保子（株式会社大京）
荻野茂男（株式会社博報堂）
吹野清隆（元富士フイルム株式会社）

103

今の高校生のキャリア観
仕事と趣味、生活は別

小名木：いまの高校生は結構現実的ですね。以前、「将来は何の仕事をしたいのか」という
事前アンケートを生徒たちに実施したのですが、公務員やサラリーマンという回答が多かったです。本当はこういうことが好きだけど、仕事としては安定している公務員、という意見もいくつかありました。様々な情報が入ってくるから、現実的に考えているようです。

長谷川：ギター1本で世界を回るという人はいない。

中西：当時の自分を考えても、キャリアとは？　となる。ただ、当時の自分と今の子が違うのは、やりたいことと仕事はイコールではないという認識が明確にある点。「YouTuberは世界を変えているかもしれないけど、とはいえ自分がなるのは…」というのがある。仕事はライフラインで、やりたいことは別のベクトルでと思っている人がよりいっそう増えた気がします。

長谷川：それは僕も感じる。最初の年はドラマに憧れてパイロットになりたい、とキラキラいう子がいたんだけど、ここ数年は現実的なことをいう子が増えていますね。

髙橋：素直でまじめな生徒が多く、生活と仕事を分けて考えている人が多い。「こういう生活がしたい」が前提にあり、そのなかで仕事の位置づけを考えて、やりたい仕事を選びたいと考えている人が多いと感じた。自分は部活しかしていなくて、将来のことなんて考えてなかったですから。

長谷川：今、生徒たちが見ている大人像は仕事だけでなく、趣味があったり、結構広い範囲で生活をとらえて仕事は相対的に見ているから、やりたいことと分けているのかもしれない。そもそもこのプログラムに参加する人が54人くらいいるのがすごいこと。なんとなく将来考えないとやばいという思いは強くなっているのかも。

キャリア講座を経て
生徒たちが変わったという実感

西沢：講座がはじまったばかりの頃は我々ファシリテーターの様子を伺いながら意見を求めるような感じだったのが、途中から工夫をして意見をまとめ

ていこうとか、生徒さん主体でできるようになっていく。短期でも目に見える成長を感じました。

長谷川：全体的にはそういう子たちが多い。それが自分から動くようになる。顔色を窺われなくなってファシリテーターの手を離れて自走していく。チーム全体の成長を感じますね。

小名木：自分たちで決断できるようになる。前半は意見をバーッと出して広がりすぎて、収束できないことがありましたが、後半は発表に向け、自分たちで責任を持ち、結論を導き出していったことに成長を感じました。

髙橋：役割を与えると、それを頑張って全うしようとする姿がいいなと。最初、役割分担を決めるときに書記をやりますといった子がいて、控えめでリーダーは向いてないし、連絡係も大変そうだし、おそらく消去法で書記になったと思う。意見がまとまらないときに、書いてある付箋を見返したり、付箋に新たに書き出して皆に見せたりしていると、その子がディスカッションのなかでリーダーみたいな位置づけになっていった。役割を全うしていく中で、自分の良さに気づいてそういうことができるようになったんだと思います。

長谷川：役割があると、責任が生まれて、そこに向かって行動していこうということですよね。

中西：ふだんの座学の授業と違って、自己開示して意見を出す、追いつめられる場に立つという経験は人を深い思考に導いていくのだと思う。それは大人も同じ。

続けられるモチベーションは
教えることによって教わることも多い

西沢：社会人になってから、ほかの会社の人とふれ合う機会はすごく貴重。高校生とふれ合う機会もほぼないの
で、自分が高校生に何かいえるのかな、何を教えられるのかな、教えられることなんてないんじゃないかなと不安な部分もあったが、参加してみたら単純に面白かった。自分で考えて伝えたことに、生徒さんが反応してくれて講座を一緒につくっていく感覚があって、それが楽しくて続いています。

長谷川：意外と響いているなとか、反応があるなとか、思った以上にそういうのがあるのがポイントですかね。

小名木：毎年、プログラムをブラッシュアップし、受講した高校生から反応が

返ってきて、また振り返ってブラッシュアップのPDCAサイクルに、充実感があっていいですね。また、私は仕事で新入社員の教育を担当しているので、今の高校生の考えや価値観を肌で感じることで、研修を企画する上でのヒントにもなっています。

長谷川：2年前くらいからアンケートをとっているけど、僕らが意図してここを感じてほしいと思ったところはスコアが必ずしも高くなくて、受け取り方が違うという話はありますよね。

中西：アンケートは主に僕が作成・分析をしているのですが、自分が思っていたことがアンケートとイコールではないし、毎年傾向が違うのがリアルに感じられる。僕たちも正解は知らない。それに対して提言をする。今年は何がよかったかなというのを振り返る作業が楽しいんです。

髙橋：最後の成果報告会が感動します。生徒たちが頑張ったなと思うし、うまくいかない

生徒がいてもちゃんと伝えようと頑張っている姿を見ると、毎回4カ月やってよかったと感動して、来年もやろうと思う。50人いるなかで一人でも自分が放った一言をいつか思い出してくれればいいなと。生徒と一緒に成長して、楽しんでできればいいかなと思います。

長谷川：ボランティアでやっているからこそ、「べき論」が通せるような気がする。仕事だと多くは受発注関係があって、得意先、世の中、社内事情とか、実際は色々な変数を考慮しながら提案をつくっていくことが多い。ここはみんながボランティアでこうするべきというのを愚直に形にできるのがいい。学校の人たちも自主的にこのプログラムを受け入れてくれているから対等にいえるし、あるべき論で変えていける。普段の仕事ではできないことが面白いですね。

ファシリテーター経験を通して自分の成長を感じる瞬間

西沢：良くも悪くも考えることが増えますね。志をテーマに掲げている以上、自分の志はなんだと考える。深く考え始めると、現状を肯定することだけじゃなくて、理想と現実のギャップを認識することもあります。そのギャップを埋めるのはそう簡単ではない。今あがいている最中だったりします。

中西：ここで成長するとかというよりは、自分が何かを考えるときのバネに

第5章 あなたの学校、あなたの地域で始めるには

なるのかな、というイメージです。高校生に対して、なんで働こうと思ったんだっけ？　と思い直す。その場を収めるためにきれいごとをいおうとする自分を自覚するのも大事だと思うんです。
長谷川：生徒に対して理想を語っているけど、待て待てと、自分に対して突っ込みを入れる自分がいる。また高校生に仕事でやっているスキルセットを移植すると、結構変わったり。プレゼンテーションのコツを10分、15分のレクチャーをするだけで、みんな劇的に話し方が変わってくれたりすると、目に見えてうれしいです。
荻野：外から見てると、ファシリテーターのみんなも4年前とは顔つきが違うなと思う。成長というか、皆さんがもともと持っていたものが発揮されていると思いますよ。
髙橋：普段のコミュニケーションに気を遣うようになりました。講座ではどういうコミュニケーションをとっていくと、生徒のモチベーションが上がるかを考える。それは会社でも、プロジェクトマネジメントのなかでも役に立つ。相手がわかるようにするにはどういう伝え方をするにはどうしたらいいか、考えるようになりました。
中西：成長というよりは、単純に見識と内省が広がっていると思います。その結果として自分の中で今感じている問題意識の一つに「自己紹介」の順番があります。キャリアという概念を考える時、今後ますます所属先の概念が多様化する前提に立つと、「株式会社〇〇の私です」ではなく、「私はこういう人です、これがしたくて、今はここで働いています」という順番の紹介に、どうやったら社会がなるのかなと思うんです。会社という概念が本来持っていた「組織でやりたいことを実現する」ことの楽しさに気づいてもらいたいと今は思っています。
長谷川：会社と個人の関係の揺らぎみたいなのが今のキャリア講座のすごく大きなテーマになっている気がします。生徒の漠然とした不安や逆に割り切り、必ずしも会社と個人が一致しないということ……。それをどう考えていくのかというのが結果的にこのプログラムになっている気がします。
中西：前回の時に「夢を忘れた大人たち」というテーマを選んだチームで、会社を辞めて独立し活躍している自分の知り合い

に生徒たちがインタビューに行ってきて、帰ってからどうだったって聞いたら、「人間って、こうやって生きていけるんですね」っていう話が出たんですよ。会社に勤めて給料もらって、家帰ってきても特別に楽しそうじゃない。そういう大人が多い中で、こういうことやりたいな、と会社を辞めたような人たちを見て、相当な衝撃を受けたらしい。小さい規模ではありますがねらったことができたと思いました。

吹野：ファシリテーターのエピソードでいうと、第4期目あたりで中だるみの時期がありました。その振り返り会の時に、長谷川さんと上井恒毅先生（中大高）と私の3人で、何か変えていかないといけないね、やり方も含めてもっと活気があるようにしたいね、と何か仕掛けようと意気投合しました。そこで再び火がついたような気がしましたね。

長谷川：変えた方が良いなと思う部分があっても、ポイントで話をすると「たしかにね〜」という話だけで終わってしまいがち。それならとフルに全体の構成を作り込んで話をしたところ、幹事のみなさんや学校の先生方にも支持していただき、プログラム作りから運営のところまでまかせてもらえることになりました。

吹野：ひょっとしたら、キャリア講座も第4期で終わっていたかもしれませんね。長谷川さんが第5期の企画をやり、西沢さんが第6期、髙橋さんが第7期の企画をやってくれて、毎年、毎年プログラムとしても成長していますね。ファシリテーターの皆さんの成長とキャリア講座自体の成長がしっかりとつながっているように思います。

第 6 章

働き方と学び方の社会イノベーションへ
〜協働（共創）型キャリア教育の未来〜

パラレルキャリアという新しい働き方

　企業人目線の「将来の社会のリーダーを育てたい」という考えから始まった共創型キャリア教育ですが、この取組みは、そこに留まらず、草の根から社会全体にイノベーションを起こす種になるのではないかという未来の可能性を感じることがあります。いま日本の社会構造は大きな曲がり角にあり、「一億総活躍社会」「働き方改革」「教育改革」などの行政の舵取りも進行しています。そこでは地域現場からの改革的取組みも必要なのではないでしょうか。

　本章では、共創型キャリア教育の未来を、「働き方」と「学び方」の両面から社会革新する現場発モデルという観点で、展望していきます。まずはパラレルキャリアを推進する新しい働き方の側面を取り上げます。

　労働生産性向上のための働き方改革が叫ばれるなか、長時間労働が是正され、個人の時間が確保されることで、副業を認める企業も徐々に出てきています。その背景には、時間外手当が減少するなかで会社だけの収入では満足しきれない、という収入面の問題ももちろんあるでしょう。しかし、それだけではなく、会社の仕事とは違う活動をするなかで自らを成長させていきたい、という目的から副業にチャレンジする人も多く、そのような気持ちの受け皿として企業が副業を認め始めている側面も大きいと言えます。また、副業として収入を得ずとも、自分らしさや、自分が輝ける働き方を求めて、NPO法人などコミュニティ団体に属して

働き方改革時代の新しいパラレルキャリア

社会人にとって、本業と高校生キャリア講座参画が、双方の取組みにポジティブな相互作用のある、新しい働き甲斐のあるパラレルキャリアのスタイルになっています。

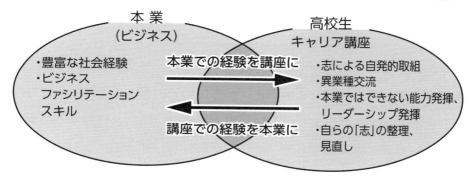

ボランティア活動をする人々も増えてきており、「パラレルキャリア」が注目されています。

　そのような現状において、社会人がファシリテーターとして高校生のキャリア教育に携わる当講座は、相当数の社会人が興味をもってくださっています。将来のリーダーを育てたいという気持ちに共感する社会人には非常に魅力的な活動であり、普段の仕事だけでは感じることができない喜びや充実感が得られます。個人の生き方を活かす新しい働き方時代に、高校生キャリア講座は「パラレルキャリア」を実現する取組みなのです。

　社会人は当然のことながら、豊富な社会経験を積んでいます。さらに、業種や事業にもよりますが、企業では複数人のチームで取り組む仕事が多いので、ファシリテーションスキルが新しいビジネスの基本スキルと

して注目されており、こうしたスキルをもっている社会人が増えてきています。講座に協力する社会人は、高校生に対してファシリテーションをしたり、的確なアドバイスをしたり、社会経験やファシリテーションスキルを存分に活用します。

　その一方で、社会人がキャリア講座で取り組んだ経験は、本業にも生きてきます。さまざまな業種の企業が参加していますので、異業種交流ができて知見が広がりますし、本業ではできない能力を発揮する場面も多々あります。講座のなかでファシリテーションする係、プログラムを企画する係、新人ファシリテーターを教育する係など、普段とは違う仕事で能力を発揮し、リーダーシップを発揮する機会にも恵まれ、リーダーシップ力を高めることができます。

　また、高校生に志を問いかける立場である以上、自分の志についても自問自答する機会となり、自らの志の整理、見直しができます。今やっている仕事や自分の生き方を、講座でファシリテーターを務めることで考え直していきます。

　例えば、ある社会人2年目のファシリテーターは中学・高校の教員免許をもち教師になりたいという気持ちがありながらも企業に就職していましたが、高校生を相手に意義あるプログラムに取り組むこの経験によって教師になるかどうか見極めたい、と講座に参加しました。

　ファシリテーターをするなかで、自分の生き方を考えていくのです。普段仕事をがむしゃらにしていると、なかなか自分の生き方を考える時

第6章　働き方と学び方の社会イノベーションへ

間はとれません。講座への参加は、高校生に問うのと同じように、自分は本当は何をしたかったのかを自分に問いかけ、仕事と自分の生き方を考えるきっかけになります。自分の生き方を考えることは、今のビジネスパーソンにとっても、とても大事な機会です。

働き方改革時代は、日本人の生き方が、年功序列や終身雇用などで守

広がる波及効果

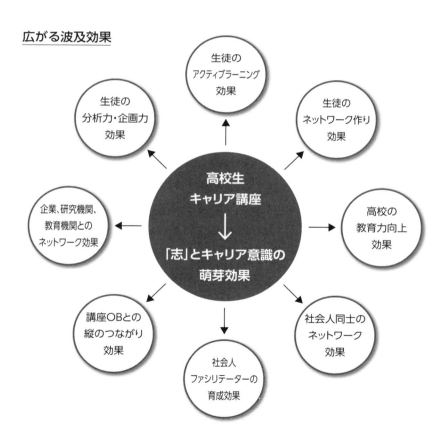

113

られた「レール型人生」から、自分の働き方や生き方は自己責任で選ぶ「デザイン型人生」に変化していきます。会社への帰属意識も薄れ、会社の時間以外はまったく別の仕事をしたり、ベンチャー企業を興したり、ボランティア活動をしたり、会社の仕事だけで満足する人が少なくなってきています。人生100年時代で、ひとつの仕事をずっとやるより、複数の仕事をしていくことで充実する、という時代です。

働き方やキャリアに対する考え方がパラダイムシフトを起こしている今、高校生キャリア講座のパラレルキャリアの仕組みはまさに時流にマッチしているといえるでしょう。

自走する高校生キャリア講座のエコシステム

キャリア講座に参加した高校生はやがて卒業し、講座のOB・OGになります。プログラムのなかで自分で考える力を育んだ彼らは、社会のリーダーとして活躍し、よりよい社会づくりの種になります。

また、自分を成長させてくれた高校生キャリア講座に戻り、ファシリテーターとして後輩を育てることに力を発揮してくれることもあります。それは後輩の高校生や講座の運営側にとってありがたい話です。社会人となったOB・OGにとってもファシリテーターをするという経験自体が社会や企業のなかで良い形でパラレルキャリア経験を積むことになり、リーダーとしての力をより高めていくことになります。

高校の先生方にとっても、アクティブラーニング型の講座に参加して

もらうことで、その経験を授業にフィードバックしてもらうことができます。また、この取組みがやがて高校進学する中学生や保護者、社会全般での評判となることも考えられます。

　このように高校生キャリア講座は、継続していくことにより、やがて

高校生キャリア講座の広がるエコシステム
　講座受講OB／OGが社会人ファシリテーターとなり後輩を指導するという、同じ高校内で完結するスタイルも将来的には可能。

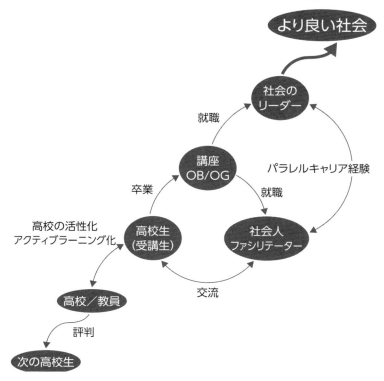

自走していく「エコシステム」なのです。

新時代の社会教育モデルへ

　高校生キャリア講座について、いろいろな人に話をすると、「そのような講座があるのだったら、自分が高校生の時にぜひ受講したかった」という話が返ってくることが多々あります。この講座はいわば「生き方をともに考える場」なのですが、そのような場が、しばらく前から日本には、ぽっかり抜け落ちていたのかもしれません。高校生、もしかしたら大学生や若手社会人も「生き方をともに考える場」を渇望しているのではないでしょうか。

　この状況の背景には、もともと日本では受験勉強に象徴されるナレッジ重視の教育が、学校でも家庭でも中心にあり、価値観や生き方などのマインド教育のウエイトは高くないことが前提にあるでしょう。

　また時代変化の背景としては、世代間交流が減ったこと、つまりタテのつながりが薄くなったことが挙げられます。特に地縁や血縁のつながりが薄くなり、かつては身近な人生の先輩であった親戚や地域の年長者との交流が減ってきたことが考えられます。

　こうした時代の流れには逆らえませんが、「教育とは教育機関が行うもの、しつけは親が行うもの、社員教育は人材部門が行うもの」といった割り切った考え方が私たち社会人にあるとしたら、教育の裾野を狭くしてしまっているのではないでしょうか。

かつては若者に対して「学校の先輩が教えてくれる、近所の大人が教えてくれる、職場の先輩が教えてくれる」ということが自然なことでした。しかし今の社会では皆が忙しく、あるいは「説教」は敬遠されることもあり、後輩の面倒をみる心の余裕が失われているかもしれません。さらにいえば、生き方・働き方が、レール型人生からデザイン型人生への過渡期にあり、人生の先輩であっても誰もが答えをもてない難しい時代でもあります。

　これらの要因が重なり合い、若者で「生き方をともに考える場」への渇望感が広がっていると思われます。

　しかしいつの時代も、先輩が後輩を支援するという基本的な営みがないことには、未来はありません。社会構造が変わり、教育制度も変わろうとしていますが、社会人一人ひとりが、次世代社会を支える若者に声をかけ、生き方をともに考えなければならないという意識変革が今こそ必要ではないでしょうか。そのうえで新時代に合った社会教育モデルも必要になってくるでしょう。

　キャリア講座推進プロジェクトでは、こうした問題意識に賛同していただける方々とともに活動の輪を広げ、「社会人との共創型キャリア教育」を新時代の社会教育モデルとして普及推進していきたいと考えています。高校生の「志」が未来を拓くことを信じて。

おわりに

　「高校生キャリア講座」に関わっていただいた全員のお名前を挙げることはできませんが、この場をお借りして、すべての皆様に心よりの感謝を捧げます。

　最初に、我々の志に共感していただき、いち早く「高校生キャリア講座」を実践してくださった中央大学高等学校の教職員の皆様です。皆様の先取的かつ全面的なご理解とご協力があってこそ、講座の継続と発展があったと思います。特に、今井桂子校長、梅原弘文教頭、西信敬事務長、仲森友英先生、上井恒毅先生、菊池哲広先生、今野義司先生、滝沢宏行先生、小立哲也先生はじめ、多くの教職員の皆様には、多忙な校務の傍ら、講座の運営から本書の編集協力に至るまでご尽力賜りましたことを改めて感謝申し上げます。

　並びに、本書の出版に絶大なご支援を下さいました中央大学高等学校後援会、そして白灯会の皆様に御礼を申し上げます。中央大学高等学校と在校生、同窓生のご発展に本書が少しでも寄与できればと願うばかりです。

　そして、我々の声かけに興味を抱き、趣旨に賛同してファシリテーターとして参加してくださった若手、中堅の社会人の皆様。高校生と直接対話するという要の役割を担っていただいています。生徒たちが最も求めているのは、経験に裏打ちされた皆様の言葉です。その役割を率先して果たし、講座の展開をリードしていただいたことに深く感謝いたします。

　第1期、第2期の受講生ですでに大学を卒業して社会人となった彼らが、後輩たちのためにファシリテーターとして参加してくれています。これからもこのうれしい連鎖の輪を次に繋いでいくことを期待しています。

第6章　働き方と学び方の社会イノベーションへ

　また、毎年この講座の基調講演を引き受けてくださっている坂本章紀先生には、情熱的なお話で生徒たちの奮起を促す役割を担っていただいています。この場をお借りしてお礼申し上げるとともに、講座を支える仲間のおひとりとしてよろしくお願い申し上げます。

　そして、何よりも講座の主役である生徒の皆さん、参加の動機はそれぞれ違っていたとは思いますが、参加していただきありがとうございました。大人たちがどんなに躍起になろうとも、皆さんの主体的な活動があってこそ講座は成り立ちます。周囲の期待以上に立派な成果を残してきたことに心からの賛辞を贈りたいと思います。講座での経験が、今後の皆さんを成長させる糧となることを信じています。そして後輩たちのために、またこの講座にファシリテーターとして戻ってきてくれることを期待しています。

　さらに、本書の編集・製作に当たり、専門的なご指導を賜りました学事出版株式会社の花岡萬之様、株式会社インプレッソの森田恵裕様、谷口美保様、大友康子様には大変お世話になりました。

　最後になりますが、この講座の存在に大きなご理解を寄せて支援していただいている中央大学理工学部教授（開講当時副学長）加藤俊一先生、石井洋一、石井靖、樫山和男の歴代理工学部長の先生方、元校長の理工学部教授村岡晋一先生、同じく前校長の理工学部教授山本慎先生、また、この講座の創設にご尽力されました中山康子様、八木祥和様、曲尾実様、岡本隆之様の諸氏に心からの感謝を表したいと思います。これからも温かく見守っていただければ心強い限りです。

キャリア講座推進プロジェクト

〈編著者紹介〉

キャリア講座推進プロジェクト

共創型キャリア教育を通じて次世代社会のリーダー育成を推進する団体。企業等で勤務する社会人で構成されるボランティア組織。
連絡先はホームページまで。　URL：https://www.2012-career-project.org/

幹事
- 吹野　清隆／元富士フイルム株式会社、現国立研究開発法人 科学技術振興機構
- 山内　豊　／三菱ケミカルエンジニアリング株式会社
- 荻野　茂男／株式会社博報堂
- 中田　尊範／株式会社大京
- 西沢　孝浩／東芝デジタルソリューションズ株式会社
- 長谷川恭平／株式会社博報堂
- 髙橋　祐帆／富士フイルム株式会社
- 伊藤　一幸／元中央大学高等学校

※所属は2019年5月現在
※在籍会社名を記載していますが、個人ボランティアとしての活動です。

未来を生き抜く力を育むキャリア教育
志を社会人と語る協働型プログラムの実践

2019年6月20日　初版第1刷発行

●編著者●　キャリア講座推進プロジェクト ©

●発行人●　安部英行

●発行所●　学事出版株式会社
〒101-0021　東京都千代田区外神田2-2-3
電話　03-3255-5471
http://www.gakuji.co.jp

●編集担当　花岡萬之
●印刷・製本　精文堂印刷株式会社
●表紙デザイン　精文堂印刷デザイン室／内炭篤詞

ISBN978-4-7619-2559-8　C3037　　　　2019, Printed in Japan